产业支撑乡村振兴实践案例丛书

主编 管新帅

金融支持陇南产业融合实践案例

金立民　沈延华◎编著

中国财经出版传媒集团
中国财政经济出版社
·北京·

图书在版编目（CIP）数据

金融支持陇南产业融合实践案例／金立民，沈延华编著．--北京：中国财政经济出版社，2024.7
（产业支撑乡村振兴实践案例丛书／管新帅主编）
ISBN 978-7-5223-3024-2

Ⅰ.①金…　Ⅱ.①金…②沈…　Ⅲ.①农村金融-金融支持-产业融合-研究-陇南　Ⅳ.①F832.35

中国国家版本馆CIP数据核字（2024）第071786号

责任编辑：张　莹　　　　责任校对：胡永立
封面设计：陈宇琰　　　　责任印制：党　辉

金融支持陇南产业融合实践案例
JINRONG ZHICHI LONGNAN CHANYE RONGHE SHIJIAN ANLI

中国财政经济出版社 出版
URL：http：//www.cfeph.cn
E-mail：cfeph@cfeph.cn

社址：北京市海淀区阜成路甲28号　邮政编码：100142
营销中心电话：010-88191522　编辑部电话：010-88190957
天猫网店：中国财政经济出版社旗舰店
网址：https：//zgczjjcbs.tmall.com
中煤（北京）印务有限公司印刷　各地新华书店经销
成品尺寸：170mm×240mm　16开　17.75印张　182 000字
2024年7月第1版　2024年7月北京第1次印刷
定价：66.00元
ISBN 978-7-5223-3024-2
（图书出现印装问题，本社负责调换，电话：010-88190548）
本社质量投诉电话：010-88190744
打击盗版举报热线：010-88191661　QQ：2242791300

此丛书是

甘肃省高等学校产业支撑引导项目

阶段性成果

谱一首劳动人民的赞歌

（代 序）

地处秦岭南麓的陇南，历史悠久、文化厚重、气候适宜，孕育出朴实勤劳的人民和多元富饶的物产，被誉为“陇上江南”。1932年4月，习仲勋等老一辈革命家在两当县打响了为穷苦乡亲们翻身解放的第一枪，乡亲们跟着中国共产党开始走上不受压迫的道路。新中国成立以后，历代共产党人牵挂着陇南，一代代的陇南劳动人民用自己的勤劳和智慧建设着家乡，但是特殊的地理位置制约了这个山清水秀的地方。深深的沟壑和莽莽的大山磨砺着广大劳动人民的勇毅，流淌着他们辛勤的汗水，“富饶的贫困”成为陇南的代名词。老乡们脸上愁、心里苦，共产党人是看在眼里，疼在心上，只能憋着一股子不服输的劲头，下定决心一定要用自己的勤劳和智慧把陇南变成另一个“江南”，要把鬼斧神工的景色、有机绿色的优质农产品、储藏丰富的稀有矿产发挥出最大的效应，让老百姓“工作得更好，生活得更好”，脸上始终挂着轻松快乐的笑容，这是每一个共产党人的初心使命。

党的十八大以来，在以习近平同志为核心的党中央坚强领导下，陇南也和全国一道迎来了发展的新时代。2013 年春节到来之际，习近平总书记来到甘肃，看望慰问各族干部群众，并走进渭源县元古堆村和东乡县布楞沟村，入户看望老党员和困难群众，同乡亲们手拉着手唠家常，仔细询问大家的生产生活情况。当时的陇南还是全国区域性整体贫困的典型代表。习近平总书记指出，要“找准发展路子、苦干实干，早日改变贫困面貌”。勤劳勇敢的陇南人民在党的领导下，把习近平总书记的殷殷嘱托变成实干力量，探索出多条扶贫的路子。山再高，往上攀，总能登顶；路再长，走下去，定能到达。2020 年 11 月，84 万建档立卡贫困人口全部脱贫，1707 个贫困村全部出列，9 个县区全部“摘帽”，历史性地解决了整体绝对贫困问题。“新故相推舒画卷，丹青妙手向翠峰。”打赢脱贫攻坚战后，陇南各级政府带领广大劳动人民夯实基础、补齐短板、增强弱项，精耕乡村、聚力振兴，老百姓的日子越来越有盼头。

“社会主义是干出来的，新时代也是干出来的。”陇南向祖国交上的高质量发展的优秀成绩单，是中国共产党领导各行各业的广大劳动人民在自己热爱的土地上苦干实干出来的。陇南人民通过辛勤劳动、诚实劳动、科学劳动取得一个又一个的胜利，一个个朴实的农民、一个个奋斗的创业者、一个个坚守的干部职工都在这片土地上书写了一个又一个陇南故事。

初次听到这些故事时，我们被感染、被激励、被鼓舞了，我们决定要把这些故事记录下来，于是我们在陇南这片土地上开展了调研、访谈，在山水之间感受陇南人民的热情好客以及面对困难时的乐观向上。这不就是我们一直要追求的价值观吗？我们调研、采访了众多实干者，选取了其中比较典型的创业者、个体网商、金融支持发展的30个案例，这30个案例记录的都是平凡的陇南故事，也是我们的榜样。将这些案例汇辑成册，形成丛书，正好谱写了一首劳动人民的赞歌，也让这些榜样之光照亮了我们的前进道路，使这些奋进之焰凝聚成我们的精神力量。

我们歌颂辛勤劳动。锦绣的陇南山水为辛勤的蜜蜂提供了舒适的家园，这些蜜蜂酿出了武都崖蜜、两当狼牙蜜和宕昌百花蜜等优质蜂蜜，使我们的生活更甜美。一个个勤劳的农民兄弟、回乡创业的大学生、退伍归来的军人就是贯彻落实乡村振兴战略的“蜜蜂”。他们拥抱互联网时代，把万水千山展现在咫尺，跨越了与外界的时空，把陇南的一草一木推介给世界；他们延长了农产品销售链条，挖掘农产品特色，让陇南农产品成为“甘味”品牌矩阵的重要力量；他们把乡亲们手工打造的“不值钱”的手工艺品推上电商平台，乡亲们的辛勤劳动成果每天都能“赶集”，卖上一个好价钱。“新农人”们用辛勤劳动架起了电商网络，从此，农产品销售“天堑变通途”，乘着数字时代的东风，“新农人”们追求着自己的幸福美好生活，用苦干实干创造出了无限的可能。

我们歌颂诚实劳动。陇南劳动人民吃苦耐劳的精神品质就像矗立在康县朱家沟村口的那棵有1800年树龄的麻柳树，祖先们用脚步丈量茶马古道过程中形成的信用义气、谦和勇敢的个性，嵌入陇南劳动人民的基因。一个个基层干部、企业家、乡村“能人”，像那棵麻柳树一样扎根陇南大地，谨记共产党人的初心使命，坚守在一线，不让一个乡亲掉队。他们走遍陇南的每一方山水，践行着“绿水青山就是金山银山”的理念，勾勒出文旅融合的美好画卷，打破了“抱着金饭碗要饭”的局面。他们收购乡亲们的农产品，不差一分钱；建立合作社和扶贫车间，探索出“农户＋合作社＋公司”的陇南扶贫模式，最终让乡亲们的钱包变得鼓鼓的；两代人扎根农村，坚守油橄榄产业，目前已打造出现代产业体系，实现了共同富裕。陇南人民是诚实劳动的新时代追梦人，他们厚植爱农情怀，让乡亲们的汗水变成金豆豆，为建设中国式现代化陇南贡献了力量。

我们歌颂科学劳动。陇南劳动人民把千年形成的多元厚重的历史文化与共产党人实事求是的精神相结合，以指导新时代的科学劳动，用科学的方法和实践优化生产要素组合，发展生产力，推进陇南农村产业又好又快发展。一个个银行经理、挂职干部、各行业的建设者们给陇南带来了新理念、新思路、新活力，把陇南当家乡，撸起袖子加油干！他们走进田间地头，与乡亲们拉家常，向乡亲们介绍现代金融，解决乡亲们金融需求的痛点，不但“把钱用到了刀刃上”，还为农产品价格兜了底；他们招商引资，把田园综合体建立在大山中，文化搭台，旅游唱戏，让老百姓在家门口就能脱贫致富；他们盘活了农地经营权，打通了生产要素流动的堵点，促进农村“三产融合”，成为全国试点。他们用科学劳动诠释了新时代奋斗精神，为乡村振兴注入了新活力。

站在哈达铺红军长征纪念碑前，我们仿佛还能听到红军“到陕北去”的声音，脑海中浮现出苏区经济建设的先辈、南泥湾大生产的战士、梁家河修水坝的青年形象。正是靠劳动创造，我们拥有了历史的辉煌；也正是因为劳动创造，我们拥有了今天的成就。我们相信，在新征程中，陇南劳动人民可以用勤劳和智慧在美丽富饶的田野上弹奏悦耳的华章，在绿色环保的工厂中篆刻时代的符号，在秀美灵动的风景区挂满洋溢的笑脸。陇南劳动人民一定能在建设中国式现代化过程中取得一个又一个胜利，定会把陇南变成“江南”。

在深入推进乡村振兴战略的新征程中，我们出版《产业支撑乡村振兴实践案例丛书》只是一个开端，也是一个尝试。在今后的工作中，我们会继续发现榜样，诠释平凡中的不平凡，努力讲好“中国故事”，为乡村振兴尽绵薄之力。

此记，是为序。

《产业支撑乡村振兴实践案例丛书》编写组

2024年4月

目　录

实践篇

案例 1　“惠农 e 贷”添彩陇南乡村振兴　3
案例 2　“特色产业发展工程贷款”的宕昌实践　14
案例 3　“保险 + 期货”为礼县苹果保“价”护航　26
案例 4　茶树种植及茶叶低温气象指数保险赋能康县茶产业　37
案例 5　农地经营权抵押贷款试点的西和实践　48
案例 6　金融“活水”浇灌陇南农村电商快速成长　64
案例 7　金融赋能康县美丽乡村建设结硕果　78
案例 8　村级扶贫互助资金项目的召藏村实践　91
案例 9　小额联保贷款的金桥村镇银行实践　103

理论篇

深刻领会习近平总书记关于金融工作重要论述及甘肃实践路径　119
甘肃省农村“三产融合”赋能全面乡村振兴的机制和对策研究　148
金融支持甘肃省全面推进乡村振兴路径选择　204
甘肃保险精准扶贫的实践、模式与政策优化研究　214
后记　269

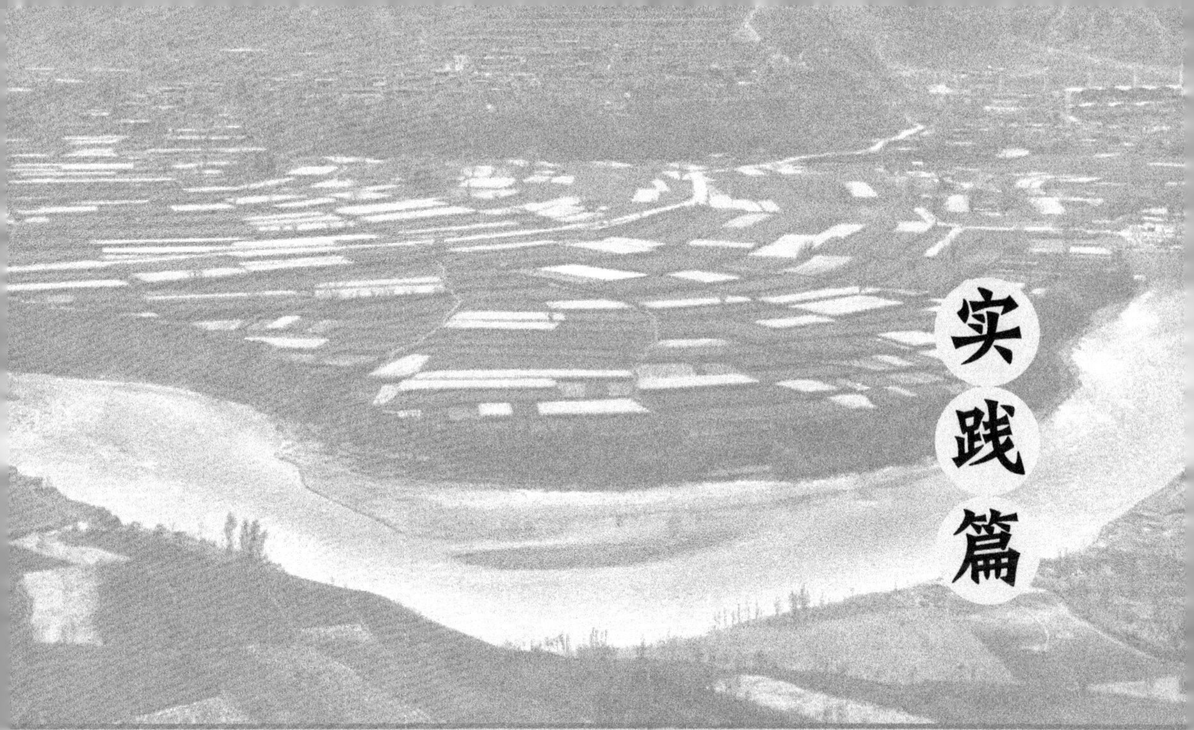

实践篇

案例 1

"惠农 e 贷"添彩陇南乡村振兴

中国农业银行开发的"惠农 e 贷"产品在全国推广，各地分行积极探索，开发适宜当地农村产业发展的信贷产品，成为支持乡村振兴的一张靓丽名片。本案例分析陇南分行开展"惠农 e 贷"的主要做法，从准备工作、数据采集和优化业务流程的视角总结陇南分行开展"惠农 e 贷"的经验，讨论取得丰硕成果的原因，从提升产品要素、探索多层次担保支撑体系和提升服务质量方面，思考"惠农 e 贷"可持续发展的路径。

金融服务实体经济是金融的本源要求和金融机构履行社会责任的有效路径。在贯彻落实乡村振兴战略过程中，中国农业银行摸清农村产品需求，破解服务"痛点"，让普惠金融插上科技的"翅膀"，积极开展产品创新和服务创新，打造服务于"一县一业""一行一品"的"惠农 e 贷"品牌，把金融服务搬到了手机上，让信贷产品走进寻常百姓家。中国农业银行陇南分行针对区域内的特色农产品，推出“半夏贷”“林果贷”“核桃贷”“天麻贷”“油橄榄贷”“中药材贷”“蜂蜜贷”“茶叶贷”等多款信贷产品，先后在陇南各个县区发放该项贷款。陇南成为甘肃省率先推出“惠农 e 贷”的地区，在“惠农 e 贷”的帮助下，呈现一幅县域产业发展的图景。截至 2023 年 3 月底，“惠农 e 贷”余额达 25.85 亿元，覆盖农户近 4 万户，受到社会赞誉，得到乡亲们的认可。

一、“惠农 e 贷”的诞生

“惠农 e 贷”是专为广大农民群体量身打造的便捷高效线上贷款产品，用一部手机就可以实现在线申请、在线取款、在线还款，农民足不出户便可办理贷款。“惠农 e 贷”具有批量作业、自动授信、自动放贷，线上“7×24”小时服务的产品优势。还具有“准、简、信、惠”的特点。“准”主要是精准对接贷款需求，系统自动核定贷款额度。“简”主要是贷款申请简便，实现“线上 + 线下”自主申请或者柜台申请，借款还款使用快速操作。“信”主要是符合条件可办理纯信用无担保贷款，也可选用抵押、保证担保贷款。“惠”主要是利率优惠、随借随还、循环使用，实际使用贷款按日起息，不用款不计利息。

“惠农 e 贷”的贷款额度一般不超过 5 万元，对于便捷贷模式、政府增信模式以及其他能够提供有效担保或第一还款来源的保障度较高的业务模式，单户贷款额度最高不超过10万元，贷款期限按照生产经营周期及收入等情况综合确定，一般不超过3年。对于政府增信或其他回收周期较长的业务模式，贷款额度有效期最长不超过5年，贷款利率根据申请人信用状况和担保物实际情况采用市场化形式确定，还款方式根据贷款期限可灵活选用定期结息到期还本、一次性利随本清、等额本息分期还款等多种方式。贷款发放对象是农村和城郊接合部的种植养殖、生产加工、商贸流通等产业。

陇南支行对当地“牛羊菜果薯药”六大特色产业开展深入摸底调研，以“打绿色牌、走特色路”为发展方向，激发市场主体和农户内生动力，在每一个县区都挖掘出特色产品，根据不同需要推出多款“惠农e贷”产品。

二、“惠农e贷”落地陇南

预则立，不预则废。陇南分行第一时间成立由分行主要负责领导为组长的工作领导小组，分管领导和县区支行领导及业务部门参与联动，多次召开座谈会，统一思想和谋划部署，结合实际研究陇南各个县区的特色产业发展的实际情况，聚焦开展“惠农e贷”的各项准备工作，把好产业入口关。还专门成立“惠农e贷”专业团队，与“三农”中心客户经理共同做好业务营销、数据采集、白名单准入、客户维护、贷后管理等工作。同时，陇南分行还加强与地方政府合作，通过各种形式宣传“惠农e贷”，让农户知晓该贷款的优势和申办流程，特别是在西和县“惠农 e 贷（半夏贷）”启动仪式上，通过邀请媒体参与，提高了社会对该贷款的认知。前期准备工作扎实、不盲目开展业务，是陇南分行根植“三农”情怀，践行社会责任的具体体现。

数据详尽是业务开展的基础。陇南分行组织专门工作组直接深入田间地头和特色产业合作社开展尽职调查，了解农户和特色产业合作社的具体发展情况和资金需求状况。通过尽职调查西和县半夏种植合作社，详尽了解了半夏种植合作社的生产和销售情况，并与合作社有关人员开展座谈会，对合作社的生产经营成本、销售收入、种植纯收入等基本数据进行采集记录，翔实地掌握半夏种植合作社的经营情况。通过翻阅销售记录、合同等对半夏种植合作社从种植到销售整个产业链有了全面的认知。支行客户经理分片、分户对半夏种植合作社推荐的农户，逐户实地调查，核查基础数据，精准筛选对象，审慎准入白名单。做到尽职调查深入、数据采集详尽，而不是盲目地直接设计产品开展贷款，有效地提高了产品设计的精准性和科学性。

从“半夏贷”到贷款矩阵。通过前期准备和尽职调查确定开展西和县“半夏贷”后，结合半夏种植生产特点、农户资金需求等情况，陇南分行制定了整体服务方案，明确了客户准入条件、信贷模型。在客户准入条件方面，主要考虑农户的连续种植年限、种植规模和还款记录。在授信模型建立方面，主要考虑农户的种植面积、亩均收入、种植年限等要素，合理设定模型参数。在白名单生成方面，对不符合贷款要求的农户予以剔除，最终整理形成拟贷客户清单，经市、县两级银行审核校验，提交省行，导入总行白名单数据库，实现业务开办。在“半夏贷”试点的基础上，陇南分行积极推广复制“半夏贷”服务模式，深入调研，先后推出了礼县“苹果贷”、康县“天麻贷”、成县“核桃贷”等一系列的“惠农e贷”的贷款矩阵。

三、陇南分行“惠农e贷”业务的经验与启示

（一）多方协作积累数据构建基础

“惠农e贷”能够顺利开展的核心是构建大数据，有足够的数据才能够保证贷款的发放和后续的各项服务是有效的。在前期数据的采集和积累阶段，数据主要来源于两个渠道：一个是利用陇南分行多年深耕县域发展过程中开展业务积累的数据；另一个是区域内各个县级支行积极与县域地方政府、涉农企业、专业合作社的协同合作和积极配合开展基础数据的采集。大量数据的采集和积累，建立起“惠农e贷”的大数据库，为授信模型建立和产品开发奠定了基础。

（二）积极开展金融服务下沉工作

陇南分行在各个县级支行成立“惠农e贷”的专项服务团队深入田间地头、特色专业合作社等利用多种方式开展金融服务下沉工作，着力农户信息建档整村推进和整产业链推进，通过实施农户信息建档工作补齐金融服务乡村振兴的薄弱环节，力促小农户融入现

代农业产业链、共享产业兴旺成果。同时，通过在网点滚动宣传、开展“一课堂、两公开”、发放宣传材料、在微信群发送信息等多种方式，加大“惠农e贷”宣传力度，推动广大农户对普惠类贷款应办尽办、对优惠政策应享尽享。

（三）把关业务节点确保高效运行

对业务运行过程中的特色产业选择、授信模型建立、数据采集、贷后管理等重要业务节点做好把关是保证业务高效运行的重点。在特色农业产业选择方面，优选发展成熟、价格稳定的特色农业产业，在信用环境良好的区域集中推动，在后期还积极开展整村推进和整产业链推进；在授信模型建立方面，立足数据精准分析，综合考虑农户近年来生产规模、投入成本和市场价格波动等因素，确定模型参数，合理授信；在数据收集方面，客户经理逐户核查外部提供的数据，市、县行反复抽查、比对、验证，确保白名单数据全面、真实、准确；在贷后管理方面，强化对相关数据持续管控，确保数据持续更新完善；采取线下走访与线上监测相结合、单户走访与集中走访相结合的方式，落实贷后管理的相关要求。

（四）产生带动效应拓展业务空间

“惠农e贷”作为中国农业银行特色品牌，在实施过程中，可以让农户实实在在地享受普惠金融和科技金融带来的实惠，农户对于“惠农e贷”也高度认可。“惠农e贷”能够与其他金融产品产生互动，将特色产业中的合作社、经销商、农户等主体与银行有机地联系起来，为解决银行客户拓展、员工业务能力提升和担保落实等问题找到新的路径和突破点，为新业务的开展奠定了一定的基础。通过线上操作，有效提升了农户对数字化发展的认识，亲身实践让农民真正了解“惠农 e 贷”的好处，为建设良好的信用环境起到了积极的作用。另外，“惠农 e 贷”信贷产品的发放，传递给农户的不仅是某一个产品的贷款理念和知识，还有产业知识、营销知识、信用观念、反洗钱、非法集资、违规担保、非法套现等，这有效地激发了农户关注产业发展、了解市场动态，也对增强农户自我保护意识、提升农户的风险识别和风险抵御能力有一定的帮助。

四、讨论与展望

党的十八大以来，大力发展普惠金融成为金融支持县域经济发展的重要路径，县域新型经营主体和农户金融资源的可获得性显著提升。金融机构通过产品创新和服务创新为脱贫攻坚取得全面胜利作出金融贡献。各个金融机构在服务乡村振兴过程中积极结合当地实际，各个金融机构探索出了很多值得借鉴和学习的经验。

陇南分行“惠农 e 贷”业务高质量发展是践行普惠金融发展的重要举措，在甘肃省农行系统的“惠农 e 贷”业务发展中占据重要位置，截至 2022 年末“惠农 e 贷”投放金额为 25. 3 亿元，较 2022 年初增长 12. 57 亿元，同比增加 6. 9 亿元，余额为 25. 85 亿元，存量、增量均排名甘肃省第一位。究其原因：一是陇南分行高度重视。在前期部署专题研究，将高度的责任感融入县域经济发展工作中，着力推进“惠农 e 贷”的各项准备工作，为后续业务开展奠定良好基础。

二是“银政”深度合作。银行与地方政府在挖掘特色产业、数据采集、信用村建设方等方面都取得了丰硕的合作成果。另外，地方政府积极探索合作，把政府增信落到了实处，有力地推动了“惠农 e 贷”在陇南的高质量发展。

三是特色农业基础良好。陇南市通过大力推进电商赋能特色农产品，大力发展产业融合等举措形成了若干特色农产品产业链，为“惠农 e 贷”产品开发和运行奠定了良好的基础。

四是团队厚重的“三农”情怀。“惠农 e 贷”的客户群体是农户和合作社，金融脆弱性体现得尤为明显。陇南特殊的地理环境，造成拓客和展业成本很高，有些乡镇农户居住分散，甚至有 2 户、3 户地形成的自然社，如果没有浓厚的“三农”情怀，就不能正确处理商业金融和履行社会责任之间的关系，从数据采集到贷后管理的整个业务流程，团队工作人员都是带着感情、带着温度、带着责任感工作的。

随着乡村振兴战略的深入推进，金融需求也产生了新的变化，贷款额度增加，利率进一步优惠，业务流程效率提升，营销策略差异化等方面都需要作出一定的改变才能够促进“惠农 e 贷”的可持续发展。一是要提升产品要素，在“惠农 e 贷”发展的新阶段，了解客户的新需求的同时要兼顾普惠性，开发适应新需求的产品和服务，如突出信贷产品内部的梯度性、执行差异化的利率、授信期限的灵活等，还要优化产品要素设计，更加关注“长尾客户”，随着信贷体量的不断扩大，在落实国家普惠金融政策引导的前提下，进一步优化前台、中台、后台的业务界限和业务流程，形成更加优化的风险管理机制。

二是探索多层次担保支撑体系，在现有的基础上，开发多元化担保模式并配套相应的机制，要注重担保信息支持体系建设，完善政策性融资担保机构绩效评价机制，在降低担保门槛和费用的同时，进一步降低业务风险。

三是提升服务质量。在创新服务模式方面，要根据贷款人的资金流动周期建立动态化还款机制，更要与政府其他数据库联合开展精准化的信息收集和管理，扩大现有整村授信的规模，在有条件的村镇开展全面授信、签约循环使用等服务。

【参考阅读】

农业银行甘肃省分行“惠农e贷”余额突破100亿元

近年来，农业银行甘肃省分行持续探索金融助力乡村振兴的新机制、新模式，认真做好巩固拓展脱贫攻坚成果同乡村振兴有效衔接金融服务，聚焦甘肃省特色产业发展，不断深化农户金融业务数字化转型，大力推进“惠农e贷”投放。截至2022年1月末，“惠农e贷”余额100.67亿元，惠及农户11.18万户，较年初净增6.26

亿元。

农行甘肃省分行以产业为依托，坚持“源头获客、交叉验证、团队作业、集体审议”工作机制，进村社、进田间、进市场，开展农户批量建档、批量审批，积极做好客户储备工作。同时，加强与地方政府、村委会沟通对接，及时获取地方乡村产业发展情况和潜力客户清单，并开展集中上门对接服务。为全力做好支农贷款投放，农业银行甘肃省分行还开展了“惠农 e 贷”竞赛活动，进一步推进“惠农 e 贷”投放提质上量。

资料来源：甘肃日报，2022 年 2 月 23 日第 9 版金融观察栏目。

【参考阅读】

农业银行陇南分行：聚焦产业发展　创新金融产品

近年来，农业银行陇南分行紧紧围绕陇南花椒、核桃、苹果、中药材等主导优势产业，按产业制订金融服务方案，成立专业团队，从政府部门获取数据，采取灵活担保方式，实行批量化作业、集约化经营，大力开展乡村振兴金融产品和服务模式创新。2017 年，率先在西和县试点创新推出甘肃省农行首个“惠农 e 贷”（半夏贷）产品，并随之在其他 8 个县支行迅速复制推广，创新推出了“花椒贷”“核桃贷”“苹果贷”“中药材贷”“农家客栈贷”等 20 余款以县域特色产业命名的金融产品，形成了“一县一品”“一县多品”

的聚焦产业发展的金融服务模式，采用免担保、纯信用的贷款方式，通过线上作业，实现了农户贷款批量化、线上化和规模化发展，提高了农户贷款的可得性和便捷性，让农村懂经营、会经营、诚实守信的农户方便快捷地获得贷款支持，有效破解了“三农”融资短板，走出了一条从“惠农e贷”到“富民产业贷”再到“产业振兴贷”的支持产业创新发展之路，有力地支持了陇南产业发展，累计发放贷款25.8亿元，惠及3.2万户农户。

资料来源：陇南日报，2021年8月3日第2版。本文有删节。

案例 2

“特色产业发展工程贷款”的宕昌实践

特色产业发展工程贷款由甘肃省政府设立，目的是破解新型农村经营主体的融资难问题。甘肃银行作为特色产业发展工程贷款主办金融机构之一，积极贯彻省委、省政府要求，与地方政府和担保机构积极协调，结合宕昌县实际情况，探索出“银行 + 龙头企业 + 担保公司 + X”金融服务模式，也是解决抵押物不足问题、有效降低银行与企业之间信息不对称、创新特色产业发展的新模式。有效增加金融供给、加速特色产业发展，还激活了经营主体内生动力。取得了良好的效果，受到社会认可。

宕昌县地处陇南市西北部，以农业产业为主要支柱，经济基础薄弱，经济总量与其他县区相比长期处在靠后位置。宕昌县积极发展中药材、畜牧、林果、蔬菜、蜂蜜产业，丰富的中药材资源成为县域重要的农业特色产业，种类多达 692 种，当归、党参、红芪、黄芪、大黄等名贵药材种植面积达40万亩，但经济发展受到了交通运输、产业结构、经营模式等的制约。

产业发展是致富一方的关键。宕昌县各级政府依托党的扶贫政策，结合当地实际，瞄准中药材产业发展，积极探索在行政村设立农业合作社、乡镇设立农业合作联合社，成立陇南市羌源富民农业发展股份有限公司，将甘肃省政府配套的产业发展到户资金按每户分配额度入股合作社，再由合作社入股到陇南市羌源富民农业发展股份有限公司，形成“羌源公司+农民专业合作社联合总社+各乡（镇）农民专业合作社联合社+村级农民专业合作社+农户”的扶贫带动模式。每年按照入股合同向农户按时分红，同时还引入甘肃中药材交易中心股份有限公司、甘肃琦昆农业发展有限公司和甘肃省农垦集团有限责任公司三家省内重点龙头企业，在优化股权结构的同时，与其签订销售合同，充分发挥三家战略投资者的资源优势，做到特色农产品生产、仓储、加工、运输、销售一体化发展，将中药材产业真正“做大做强”，走出了一条具有“宕昌特色”的产业发展之路。

但是随着产业的壮大，金融资源供需的矛盾逐渐凸显，传统意义的贷款已经不能满足特色产业的发展，甘肃银行作为地方法人金融机构，充分调研，发挥自身优势，结合宕昌县中药材产业发展，与县金融办、甘肃金控融资担保集团股份有限公司积极沟通，探索出地方法人金融机构推进特色产业发展工程贷款的“银行+龙头企业+担保公司+X”金融服务模式，取得了良好效果，受到业界关注。

一、甘肃银行推进特色产业发展工程贷款的缘起

培育发展特色产业是“强县域”的有效路径。党的十八大以来，探索特色产业发展从个体农户向新型农村经营主体转变，包括农业合作社等在内的新型农村经营主体蓬勃发展，成为带动农户增加收入、发展现代农业的有效组织形式。为了支持新型农村经营主体的良好发展，破解新型农村经营主体的融资难问题，2017 年甘肃省出台特色产业发展工程贷款政策，由政府设立实施 1000 亿元特色产业发展贷款。2019 年甘肃省人民政府办公厅出台了《关于进一步推进特色产业发展贷款工程的意见》（甘政办发〔2019〕47 号），以吸纳更多金融机构、更加灵活地推进特色产业发展工程贷款在各地的落地，通过健全完善政府性融资担保体系，强化“政银企”对接和“政银担”合作，引导金融机构优化贷款发放流程，加大涉农贷款投放力度，有力地支持了农业龙头企业、农民专业合作社发展壮大，促进了农业特色优势产业扩规模、提质量、增效益。

特色产业发展不但是取得脱贫攻坚决定性胜利的重要因素之一，还是贯彻乡村振兴战略中产业兴旺的关键。按照甘肃省委、省政府要求，实施特色产业发展工程贷款的目的是破解特色产业融资难题，发展壮大当地特色产业，进而提高农户收入和兴旺当地产业，贯彻落实乡村振兴战略。甘肃银行作为特色产业发展工程贷款的主办银行也要积极贯彻国家和省委、省政府要求，承担着制定贷款操作规

程（细则）、贷款可行性评估审查、放贷收贷、监管贷款使用的重要任务。鉴于不同地区的产业差异化和地区社会经济发展特殊化，只有金融机构积极开展探索，找到适应不同地区发展的模式才能够把特色产业发展工程贷款落实落细，真正起到服务乡村振兴战略的目的。

甘肃银行作为历史较短的商业银行，在各个方面都与同行存在一定的差距。推进特色产业发展工程贷款有助于甘肃银行深入农村，积极开展产品创新和服务下沉工作，进一步拓展农村市场，提升服务农村市场的业务能力。能够调整发展方式，促进业务开展和业务转型，特别是积累更多农村客户，顺应发展向零售业转型，进一步夯实发展基础。在开展业务和服务创新的同时，也是督促员工开展自我学习，积极提高综合素质的过程，通过不断的学习培养出更多的农村金融人才，有效地促进乡村人才振兴。

深入农村开展金融服务，不仅需要关注产业发展，发挥商业银行的本源职能，在积极开展业务的同时，还会开展包括信贷知识、反洗钱、信用观念、非法集资、违规担保、非法套现等知识的宣传，这也有效地激发了农户关注产业发展、了解市场动态，并对增强农户自我保护意识、提升农户的风险识别和风险抵御能力有一定的帮助。深入农村开展金融服务，是乡村文化建设的组成部分，可以促进文化振兴。

二、“宕昌实践”的主要做法和取得的成效

在实践过程中，参与的主体主要有甘肃银行、地方政府、甘肃金融担保集团、产业龙头公司、合作社和种植农户。

（一）“宕昌实践”的主要做法

首先，厘清思路和筛选贷款对象。甘肃银行立足宕昌实际，在当地政府探索出的特色专业合作社的基础之上，与当地政府积极展开合作，确立了“自然条件最适宜、种植农户最多、经济效益较好的中药材产业作为支持重点，其他产业协同支持”的发展思路；与甘肃金控担保陇南分支机构合作，由该公司提供担保服务，以陇南市羌源富民农业发展股份有限公司、甘肃中药材交易中心股份有限公司、甘肃琦昆农业发展有限公司和甘肃省农垦集团有限责任公司等龙头企业为重点，甘肃银行作为主办银行向龙头企业提供特色产业发展工程贷款支持。同时，甘肃银行也向合作社和中药材种植农户提供贷款。

其次，积极发挥地方政府引导作用。一是根据省级政府要求，筛选、上报、确立产业龙头企业，同时引导龙头企业科学布局、转型升级，在基地建设、创建农产品加工业强县、落实扶持政策、完善利益联结机制等方面进行支持。由于宕昌县经济基础薄弱，地方经济发展不足，县政府在推进建设合作社的基础上，成立国有的中药材龙头企业，为后续的金融支持搭建了平台。二是积极推动落实省委、省政府和有关部门出台的融资、税收、用地、用电等方面的

扶持政策，营造良好营商环境，确保龙头企业健康发展。三是与商业银行、担保机构建立良好的互动机制，保证良好的信用环境。

再次，担保机构积极参与。甘肃金融担保集团主要负责提供担保服务，积极利用以省金控担保为基础，国家融资担保基金、市级政府性担保机构、县区政府、放款银行共同承担的，特色产业发展贷款风险分担体系，解决了落后地区担保不足，风险分担机制不健全的问题，有力保障了商业银行贷款的健康运行。

最后，积极开展业务创新。作为特色产业发展工程贷款的主办银行之一，积极开展业务创新，保证贷款精准高效发放。一是提高服务效率。在省政府的领导下，甘肃银行总行高度重视，优化工作组织结构，成立工作专班，开展专项授权和绿色通道审批，扩大分支机构审批权限，缩短审批链条，总行和分支行信贷审批部门安排专人进行审批，建立先审先批、快审快放的工作机制，保证特色产业发展工程贷款的高效发放。二是提高金融可获得性。一方面是扩大抵质押担保范围，使更多农户的生产资料进入抵质押品目录，扩大贷款使用范围。另一方面是根据省政府政策要求和涉农企业经营特点，甘肃银行放宽贷款期限、灵活设置多种还款方式，满足企业合理需求。三是建立激励机制。调整考核政策，把特色产业贷款纳入年度综合考核体系，因利率定价较低形成的亏损由总行承担，激发分支机构发放贷款的积极性。宕昌分行创新推出“银行+龙头企业+担保公司+X”金融服务模式。

产业龙头公司、合作社和种植农户都是受益者，在甘肃银行的支持下，顺利解决了村级合作社带动能力不强，农业带动资金缺乏增值渠道，龙头企业缺乏稳定高质量原材料的问题。龙头企业获得金融支持，发展潜力得到释放，激发了农业合作社的发展动力，农户的收入也切实得到了提高。

（二）“宕昌实践”取得的成效

一是增加了金融资源创新供给。特色产业发展贷款工程充分发挥政府引导、风险分担的优势，结合甘肃银行服务中小企业的业务特点开展农村业务，不但丰富产品，推进了业务下沉，形成的有效机制还拓展了业务范围。

二是加速了农业特色产业发展。特色产业发展贷款有力地支持了宕昌区域内中药材、食用菌、蜂蜜等特色产业的快速发展，支持的中药材仓储物流项目、食用菌生产基地扶贫项目、蜂蜜加工基地项目都为当地产业升级转型作出了积极贡献。

三是激活了经营主体内生动力。基层合作社和种植农户因融资困难，缺乏生产资金，使产能扩大和效率提高受到了限制，有了新模式的支持，合作社和种植大户的内生动力被激活，产能得以扩大，不但有效地提高了收入，还为龙头企业提供了稳定的原材料。

三、“宕昌实践”的经验与启示

（一）政府增信可有效解决担保不足问题

从事特色农产品的经营者主要是合作社和农户，这些经营主体获得金融资源最大的阻碍就是缺乏有效抵押物、质押物。为了解决农业领域融资难的问题，金融机构可谓是煞费苦心，最终效果与实际的需要还是有一定的差距。为新型农业主体增信成为迫切需要解决的关键问题，通过对现实情况的调研，政府主动作为，探索为特色产业发展工程贷款全过程引入国家级、省级、市级农业融资担保服务，有力增强了金融机构参与农业特色产业发展贷款投放的积极性和主动性，有效解决了农业抵押物不足的障碍。

（二）政府参与可有效降低借贷风险

由于贫困地区的地缘因素，商业银行开展尽职调查的成本很高，导致尽职调查效率不高，加大了商业银行信贷直接进入特色产业发展链条的风险。但是，当地政府借助对当地经营主体深度了解的优势能够筛选出优质的经营主体，通过地方政府的参与，发现潜力大的新型经营主体，并直接推介给商业银行，降低了商业银行的尽职调查的成本。县级政府按照“谁推荐、谁服务、谁监管”的原则，筛查推荐符合条件的申贷企业和项目，全程参与贷前调查、贷后管理、贷款使用、资金监管等工作，并建立风险补偿金，承担 20% 的代偿风险，有效加强了这一贷款模式的权威性和公信力，并组织商业银行、担保机构、企业三方直接沟通，有效解决了信息不对称问题，实现了贷款需求和供给的精准对接。同时，能够促进商业银行、担保机构积极开展业务创新，实现了金融分层分类支持不同贷款主体的目标，进而扩大了金融供给规模。

（三）金融机构积极推动产融结合创新

近年来，各地均探索适宜当地特色产业发展的模式，采取企业示范、龙头公司带动、合作社衔接、贫困户参与等形式，形成特色产业发展的链条，加快特色产业发展。特色产业发展工程贷款项目的推出，是产融结合的重要实践，将产业需要和融资供给有效衔接。金融机构端对接产业端，不仅停留在资金供需层面，还积极融入特色产业链发展之中，当好资金的“管理人”，不仅能把特色产业发展工程贷款精准高效投放，还能提供更多的综合服务，帮助特色产业构建更优化的投融资机制，实现了高质量发展。金融机构扮演的角色从单一向复合转变，在这过程中，政府、商业银行、担保机构、企业、合作社、农户等构建出新型的产融关系，每一个参与主体都在这种模式中找到了适合发展的位置。

四、讨论与展望

在 2017 年 12 月 28 日召开的中央农村工作会议中，习近平总书记深刻阐述了实施乡村振兴战略的重大问题，对贯彻落实提出明确要求。会议指出，要强化乡村振兴制度性供给，健全适合农业农村特点的农村金融体系，强化金融服务方式创新，提升金融服务乡村振兴能力和水平。

从脱贫攻坚到乡村振兴，金融机构都发挥着积极的作用，甘肃银行“宕昌模式”取得了一定的成效，省级政府主导，商业银行和担保机构协同，地方政府大力支持成为该模式成功的主要原因。

在如何提高特色产业发展工程贷款的可持续性和风险管控方面，我们还需要持续关注。商业银行、担保机构要提高“政府主导＋市场运行”的效率，一方面要把政府主导部分的地方政府责任体现出来。地方政府要进一步健全协同机制，积极推进商业银行、担保机构和新型农业经营主体的信息共享机制、考核机制以及督导机制，严格把关特色产业的推荐，切实解决好在贷款管理中出现的问题，要把风险管控意识注入整个贷款流程，进而激发商业银行和担保机构的积极性，有效提升贷款效率和增加金融特色服务供给。另一方面，商业银行要联合担保机构按照市场运行机制和监管要求加强贷前审批和贷中管理，在提升贷款审批效率的前提下，严格落实有关监管要求，对有不良信用记录、纳入失信人名单、经营有明显问题等不具备贷款条件的企业，坚决不予支持。在贷中管理环节，要加强对贷款用途和贷款流向以及贷款预警信号的关注，把风险管控在萌芽状态。

【参考阅读】

甘肃银行多管齐下开展精准扶贫结硕果

作为甘肃省一支重要的金融力量，甘肃银行积极响应国家精准扶贫政策，近年来不断加大对深度贫困县的金融支持力度，探索出了金融企业扶贫的特色模式。

甘肃银行将特色产业发展工程贷款作为支持全省脱贫攻坚和乡村振兴战略的重要抓手，2018 年实施以来，甘肃银行连续两年完成了既定任务计划。截至 2020 年 10 月末，甘肃银行累计发放特色产业发展工程贷款 1858 笔，175 亿元，共支持 933 家涉农企业及合作社，贷款覆盖全省 58 个集中连片贫困县，当前贷款余额 84 亿元。

甘肃银行采取的措施及取得的成效受到了社会各界的高度评价。甘肃银行曾五次荣获全省脱贫攻坚“民心奖”，2017 年被金融时报授予“全国十佳精准扶贫银行”荣誉称号，2018 年和 2019 年连续两年被评为全省脱贫攻坚先进帮扶集体。

在扶贫过程中，甘肃银行将特色产业发展工程贷款作为支持全省脱贫攻坚和乡村振兴战略的重要抓手。甘肃银行总行成立“特色产业工程贷款推进领导小组”，组长由董事长担任，其他行领导担任副组长，总行各部门主要负责人为成员，负责特色产业发展工程贷款的协调和推动工作。

甘肃银行精准施策，将推动特色产业发展工程贷款发展摆在重要位置，配套制定了特色产业发展工程贷款推进实施方案及操作规程，全额保证信贷规模。根据甘肃省政府政策要求和涉农企业经营特点，甘肃银行放宽贷款期限、灵活设置多种还款方式，满足企业合理需求。将大型农机具、机器设备、动产、股权、日光温棚、圈舍、牛羊活畜和林权等纳入抵质押担保范围，提高企业贷款的可获得率。

此外，甘肃银行进行专项授权，扩大分支机构审批权限，缩短审批链条；建立绿色审批通道，由总行和分支行信贷审批部门安排专人先审先批、快审快放；落实限时办结规定，切实提高效率；因利率定价较低形成的亏损由总行承担，激发分支机构发放贷款的积极性。

甘肃银行在模式上不断创新。在贷款发放中，着力加强业务模式创新，根据政府搭建的扶贫框架、产业规划及金融需求，因地制宜推出了“宕昌模式”“海升模式”“德青源模式”“庄浪模式”等多种金融服务模式。

甘肃银行在特色产业发展工程投放中，突出特色产业链培育与提升。截至2020年10月末，甘肃银行累计向海升集团投放特色产业贷款11.64亿元，向德青源集团投放1.08亿元，为“宕昌模式”中的琦昆农业和羌源富民公司累计投放2.7亿元。实现资源精准配置，破解融资瓶颈。充分高效使用特色产业发展工程贷款政策，加快产业发展与脱贫攻坚关键环节的融合对接。

资料来源：甘肃银行官网，2020年11月25日。本文有删节。

案例3

“保险+期货”为礼县苹果保“价”护航

礼县是全国优质苹果产区。2021年，祁山镇落地苹果“保险+期货”模式，本案例介绍了“保险+期货”的运行机制，项目顺利运行，得益于地方政策保障到位、积极调动社会资源和有效的宣传。在提出健全保费分担机制的同时，开展业务创新和提升抵御风险的能力，促进了礼县苹果“保险+期货”模式的可持续发展，为支撑礼县苹果产业的发展提供重要支撑。

礼县地处陇南市北部，县域内有西汉水流过，海拔1500多米，昼夜温差大，陇南浅山丘陵是苹果优势产区，得天独厚的地理环境使礼县生长的苹果具有甜度高、化渣少和色泽鲜艳的特点，出产的主要苹果品种有元帅、金冠和富士三个品系。目前，苹果种植覆盖14个乡镇的234个行政村，苹果种植农户近6万户，覆盖人口20余万人，形成了沿西汉水走向的60公里的苹果种植带。截至2020年底，全县苹果种植面积超过60万亩，苹果产量近3亿斤，产值12亿元。

作为全国32个优质水果生产基地县、60个优质苹果生产重点县和全省5个优质苹果生产重点县之一，苹果产业是礼县产业振兴的重点，是礼县“强县域”发展的支柱产业。县委、县政府高度重视苹果产业发展，坚持一手抓苹果产业规模，一手抓苹果产品质量，积极开展苹果产业结构调整，组织专门的技术力量做大做强苹果产业，不断延伸产业链，促进苹果产业的高质量发展。

一、“保险+期货”模式的商业逻辑

“保险+期货”模式最早的实践可以追溯到2015年，当时正值我国推行农产品目标价格改革之时，目的是在保障农民利益的前提下充分发挥市场在资源配置中的决定性作用，促进产业上下游协调发展。“保险+期货”模式通过两次风险转移可有效地规避和分散农产品价格波动所带来的风险。第一次风险转移主要是保险公司向农户提供农产品期货价格类保险产品，第二次风险转移是期货公司的风险管理部门或者子公司等与保险公司合作设计类似于保险行业“再保险”的风险规避和转移合同，并由期货公司在期货市场中以场外期权和场内期权结合的方式进行风险对冲，最终将因为农产品价格上涨或者下跌所带来的市场风险转移到期货市场乃至资本市场，达到分散风险和规避风险的目的，有效解决了多重农业风险叠加带来的不确定性，保障农户的收益。农产品“保险+期货”模式在实践中涉及的相关主体有农业生产主体（包括农户、合作社、农业生产企业）、各类保险公司、期货公司、商品交易所和地方政府，呈现出参与主体多元的结构。

在具体操作中，如果农产品现货价格出现上涨，农产品现货生产经营主体可随行就市获得利润；如果现货价格下跌触发“保险+期货”合同约定的理赔条件，农产品生产经营主体可获得理赔。在合约设计过程中保险公司以期货合约标的设立相应价格险，当采价期内期货日均结算价低于目标价格时，则：

理赔金额 = Max［（目标价格 − 结算价格），0］×保险数量

保险公司向期货公司缴纳权利金购买场外期权产品，实现敞口风险转移，与此同时，期货公司也通过在期货市场中的风险对冲交易。在整个合约履行过程中，大型农业经营主体还可以利用期货合约套期保值的方式规避价格风险，实现多重保障（见图1）。

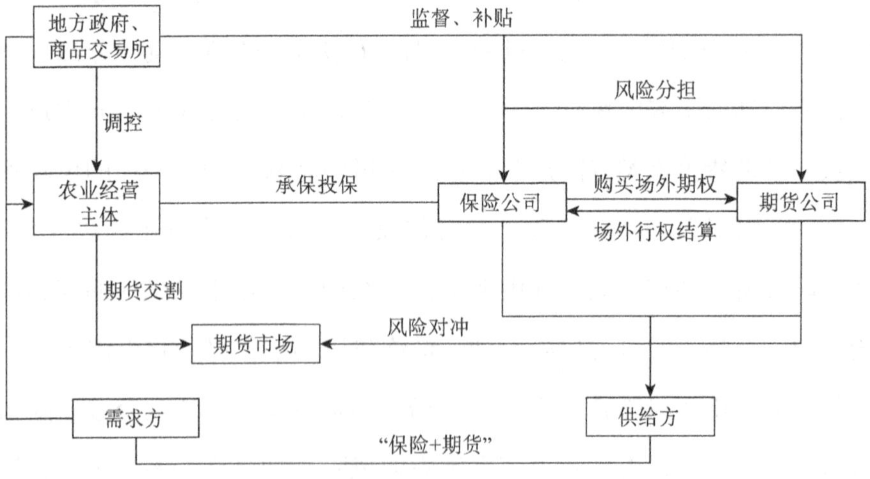

图1 “保险+期货”模式

二、“保险+期货”模式在礼县的实践

2021年，由中国期货业协会统筹组织，礼县人民政府主导推动中国人保财险礼县支公司联合永安期货有限责任公司在祁山镇落地苹果“保险+期货”试点项目，该镇有290户苹果种植户参与，覆盖面积2300亩。

（一）项目基本情况

项目主体中国人保财险礼县支公司负责组织投保工作，搜集祁山镇苹果种植的有关数据，开展理赔。永安期货有限责任公司负责进入交易所市场开展期权对冲和期权结算。

项目保费共计150.53万元，其中永安期货有限责任公司垫付100万元、有50.53万元来自中国期货业协会和永安期货的补贴，保费支付总权利金141.49万元，保险公司通道费9.03元，通道费占总保费6.00%，在同类产品中相对较低。项目规模设计为总覆盖苹果种植面积2300亩，单位保费按照亩产1.548吨/亩测算，为422.84元/吨，涉及现货量3560吨，保险产品目标价格是在期权入场当日的实时盘面价格7430元/吨的基础上再加100元/吨，即保险目标价格为7530元/吨，根据以上情况，测算权利金为397.47元/吨。

项目的场外期权结构为增强亚式锁定（实值）看跌期权，选取入场时盘中平值价格作为执行价格。当苹果期货价格下跌时，永安期货有限责任公司按照约定的赔付方式对保险公司进行赔付，保险

公司全额赔付给参保农户，若保险期间任一交易日收盘价低于锁定价格，则期权提前敲出，最大限度地保障农户利益。

（二）项目理赔情况

保险单生效时间是2020年11月12日，周期为3个月。期间，受当年全国苹果产量增加和疫情影响，苹果价格出现价格下跌情况，因期权结构设计里有触价锁定条款，保险价格在触发锁定价格1个月后提前结束，2020年12月15日为保险结束日，采价期为2020年11月16日至2020年12月15日每个交易日收盘价的算术平均值，最终结算价格为6964.27元/吨。当时价格距离目标价格低了近600元/吨，永安期货利用场外期权和期货市场对冲机制，分散苹果价格风险，通过期货市场弥补果农因价格下跌造成的损失。随后，人保财险积极开展理赔工作，共计赔付201.4万元，农户户均增收6944.82元，每亩苹果收益平均增加875.65元。2021年1月20日之前，保险公司将赔付资金通过银行卡转账形式交付到参保果农手中。项目取得了良好效果，果农对金融工具化解种植风险的认识得到了进一步提升。

三、“保险+期货”模式在礼县实践的经验总结

（一）地方政策保障到位

甘肃省政府出台《甘肃省2018—2020年农业保险助推脱贫攻坚实施方案》为农业发展保驾护航。礼县县委、县政府对于苹果产业

发展的高度重视，出台《果蔬冷藏库建设奖励办法》《加快土地流转扶持发展特色农业产业办法（试行）》《礼县“一扶一带”产业扶贫奖补暂行办法》等一系列的产业激励政策，促进苹果产业快速发展，苹果产量和质量都有很大的提升。全县群策群力在政策争取、金融支持、宣传推荐、产销对接等方面多措并举，想办法、谋出路，下足功夫调动果农积极性，“礼县苹果”的知名度在省内外进一步提升，借助“一带一路”倡议助推苹果产业发展，“礼县苹果”已经打开国际市场，成为“甘味”品牌矩阵中的重要产品。

（二）社会资源积极协助

由于礼县是中国期货业协会的定点帮扶单位，县委、县政府与中国期货业协会积极对接，签订精准帮扶协议，从可持续发展的角度研讨帮扶形式，不仅要“融资”还要“融智”，利用中国期货业协会的优势，协调各级资源，得以保证项目快速落地实施。

（三）开展有效地宣传

项目实施之前，大部分果农已经购买苹果政策性农业保险，在保险运行过程中对于普惠金融的理念已经认可，作为项目实施主体的礼县人民政府、中国人保财险礼县支公司、永安期货有限责任公司举办各类相关培训，组织政府干部、各级村干部、苹果企业负责人、苹果合作社负责人、村民等开展“保险＋期货”专业知识培训，围绕“期货及期权基础知识”“苹果产业与基本面分析”“苹果保险＋期货模式介绍”等进行培训，让苹果产业链上的参与主体理解该模式的优势，能够为他们带来的好处，从而认可这种模式。

(四) 运行积极开展创新

项目方案结合礼县苹果种植的实际情况，以果农切实利益为根本，设计出“实值+锁定结构保险产品”的期权方案，在苹果价格出现历史性波动的背景下，采用增强亚式锁定期权结构，在成本得到有效控制后，赔付率和赔付额都有所提升，最终赔付率达到了133%。

四、思考与讨论

我们梳理礼县案例除了要总结出成功的经验之外，也要看到不足之处：一是覆盖面不够，礼县作为全国32个优质水果生产基地县、60个优质苹果生产重点县和全省5个优质苹果生产重点县之一，种植面积超过60万亩，而试点的苹果种植面积仅占苹果种植总面积的0.5%左右，该模式服务礼县乡村振兴的深度和广度还亟待拓展；二是保费相对较高，“保险+期货”模式的保费比其他类型保险保费偏高，参保人员的经济能力有限，有些果农参保略显吃力，进一步降低保费是扩大该模式覆盖面的重要助推剂之一；三是保费的政策性补贴的来源渠道较少。由于礼县财政收入有限，该项目的保费补贴不是地方财政支出，而是对口帮扶的中国期货业协会支持了25万元，永安期货支持25万余元，随着乡村振兴战略的深入推进，“保险+期货”模式在礼县的可持续发展可能会受到一定的阻碍，导致地方政府在项目的自主管理方面面临一定的制约。

借鉴其他地区“保险+期货”模式的推广，我们有以下思考：一是健全保费分担机制，地方政府要积极争取中央、地方的各类补贴，增加保费补贴来源渠道，实现从“项目承办主体主导”向“地方政府统筹主导”的转变，推动该模式的可复制性和可持续性，进一步扩大覆盖面积，向小农户延伸链条，扩展惠及面，使礼县苹果真正成为农业发展的一张金字名片；二是结合地方实际，引进商业银行、其他扶贫机构等设计开发更适合苹果产业的金融工具，使“保险+期货”模式内涵更加丰富，实现协同效应；三是提升抵御风险的能力，包括进一步开拓市场、提升苹果质量，特别是积极推进生产标准化和产品标准化，实现苹果种植主体、保险公司、期货公司、乡镇政府等多方主体风险共担、成本分摊和利益共享。

五、未来与展望

在农业生产市场化的过程中，农业发展的风险已经从生产风险逐步扩大到市场风险，市场价格波动逐渐成为影响农业生产收入的主要因素。党中央高度重视金融赋能农业产业发展和农民增收，在国家政策的支持下，近年来涌现出了多元的农业政策性保险种类，部分地区还积极利用农产品期货和期权等金融衍生工具有力地帮助农业产业发展规避了各类风险。自2016年以来，中央一号文件多次提出“保险+期货”开展试点，特别是2022年，中央一号文件又提出要完善和优化该模式。实践表明，“保险+期货”模式在化解农产品价格风险方面有着积极的作用，成为支持农业发展的重要金融模式，有效地助力和推进乡村振兴，近年来得到了基层农户、合作社等群体的广泛认同，取得良好效果。

“保险 + 期货”模式在甘肃的实践也取得了一定的成绩。2019年开始，甘肃省在静宁县、秦安县、麦积区、西峰区积极开展苹果“保险 + 期货”试点，并且列入中央财政对地方优势特色农业保险奖补试点，保费由中央、省级、市级和县级财政及农户共同承担，这也是中央财政首次正式介入并支持开展“保险 + 期货”试点工作。2019 年，在试点的四个县区实现赔付金额近 4000 万元，赔付率达到 79. 84% 。2020 年，“保险 + 期货”在礼县祁山镇开展试点。试点以来累计投入保费 1. 25 亿元，承保现货 32. 04 万吨，总保障金额达到 25 亿元，服务果农 7. 39 万户。通过两年试点，积极探索了以财政资金为主导，有效推动“保险 + 期货”与甘肃实际相结合的创新模式，取得一定突破。

通过多年的发展，“保险 + 期货”模式已经取得了一定的成绩，也总结了一定的经验，得到了市场的普遍认可，据中国期货业协会统计，截至 2020 年 12 月 31 日，我国期货经营机构在贫困地区累计开展“保险 + 期货”项目 622 个，覆盖玉米、大豆、豆粕、鸡蛋、苹果、棉花、大枣、白糖、天然橡胶等品种，名义本金约 188. 26 亿元；为贫困地区实体机构或个人提供合作套保、点价、场外期权等风险管理服务方案 119 个，名义本金约 10. 94 亿元。随着乡村振兴战略的深入推进和数字经济的大力发展，各方主体对于“保险 + 期货”模式的创新动力也越发浓厚，今后的发展主要集中在模式创新，主要体现在两个方面：一方面是根据各地发展实际，推动地方财政资金对“保险+期货”业务进行保费补贴，努力引入其他外部资金，形成“政府+外部资金+农户+银行+期货公司”等多方分担机制；另一方面是针对不同的农产品开展模式创新，引入产业链上各层面的主体，从单一的价格保险到价格与产量相结合的收入保险，再到全产业链主体参与的“保险+期货+订单农业”“保险+期货+银行（信贷）”“保险+期货+互联网”“保险+期货+天气衍生品和巨灾债券”等新模式。

【参考阅读】

礼县“保险+期货”金融“活水”滋润果农心田

“去年以来，苹果价格持续下滑，但我们一点都不担心，因为参与的‘保险+期货’项目已为我们锁定了售价，后面要做的，就是搞好浇水、施肥和修剪，消灭病虫害，确保秋收时有个好品相。”陇南大地上，礼县从事苹果种植近20年的果农许大哥开心地说。

2022年郑商所苹果“保险+期货”试点项目由永安期货和人保财险联合承办，实施主体是礼县当地一家国家级合作社，共为69户果农种植的2606.88亩苹果提供3816.47万元的风险保障，保障现货数量4171吨，最终实现赔付240.94万元，每亩平均收益增加

924.24 元，69 户果农户平均赔付 3.49 万元。本次项目的成功实施使果农避免了因苹果价格大幅下跌引发的亏损，切实保护了当地农户的利益，充分体现出“保险+期货”的魅力。

据期货日报记者了解，礼县近3年累计为1043户果农及合作社种植的3.92万亩苹果承担风险保障，理赔金额1750.54万元，户均收入增加1.68万元。

“保险+期货”是期货行业精准帮扶工作立体化、综合化的有益尝试。郑商所将在试点连续、成效显著的县域加大“保险+期货”支持力度，优化模式，切实提升果农收益，助力苹果产业高质量发展。

资料来源：期货日报网，2023年6月29日。本文有删节。

案例 4

茶树种植及茶叶低温气象指数保险赋能康县茶产业

茶叶作为康县的主要支柱产业，是康县实现“强县域”的重要支撑。在国家政策的扶持下，康县在西北五省区最早试点落地茶树种植及茶叶低温气象指数保险，效果明显，覆盖面稳定，取得了良好效果。本案例梳理总结保险运行的过程及经验，提出完善气象数据的采集系统、精确获取茶园小区域内的气象数据、利用大数据等新技术提高气象数据的准确性、提升气象指数类保险的市场化程度等建议。在积极开展相关气象类保险的同时，保险机构也要尝试推出“组合”类产品，并思考如何通过拓展气象保险的服务地区，实现“双碳”目标。

甘肃康县气候温和，雨量充沛，是区域内优质的茶叶产区。县域内的阳坝、铜钱、三河、白河和两河 5 个乡镇更是我国典型的北方高海拔优质茶叶培育区。20 世纪 50 年代自湖南引入茶种在阳坝镇上坝村人工种植茶叶成功以来，康县茶叶已有 70 多年的历史。2002 年康县被甘肃省政府命名为“全省无公害农产品（茶叶）生产示范基地县”，当地多个茶叶品牌被评为“中国知名品牌”，康县茶叶已经成为甘肃乃至西北地区茶叶的一张金色名片。如今康县有近 6 万亩茶园，销售额近 8000 万元，建成 2 个万亩茶叶基地镇、10 个千亩茶叶专业村，创建了 1 个茶叶现代农业园区，培育了 28 家市场主体。茶叶成为康县的支柱产业，是甘肃省十四次党代会提出“强县域”行动的重要的产业支撑之一。

一、茶树种植与生产的不确定性

在茶叶生长过程中，如果受到干旱和低温的影响，以及由气 温剧烈波动引起的自然灾害的影响，茶叶，就可能出现减产或品质下降的情况，从而影响茶农收入。

（一）干旱灾害天气的不确定性

茶树生长的特点是喜温暖而且湿润的气候，光照充足的环境有利于其光合作用，但是高温时间过长，或低温过冷都会对茶树的生长产生不良影响，一旦出现干旱情况，对于茶树生长的打击是致命的。由于康县茶叶种植区都在丘陵地带，迎风坡雨水充沛，而背风坡雨水不足，容易出现干旱情况，影响茶叶生长，进而影响茶叶产量。

（二）低温灾害天气的不确定

茶园所处地区多是丘陵地区，容易因为小的气候变化出现气温快速下降，发生低温情况，特别是早春和冬季的时候，由于光照不足，气温下降成为茶农最担忧的情况，对于幼龄茶的生长影响很大，使叶芽和枝梢冻焦。低温还会导致茶树种植后成活率不高、缺丛较多，茶树长势相对较差，茶丛大小不匀，也会影响茶叶产量。

茶园的经营者要高度重视自然灾害的风险规避。传统的风险规避手段主要是使用除霜设备和改善茶园基础设施，但是投入成本较高，回收期较长，对于小型茶园经营者来说是一笔不小的投入，因此茶农在这一方面的实际投入有限。国内茶叶主产区在2014年就开始探索与茶叶有关的各类保险工具，包括茶树种植类保险和茶叶低温气象指数保险，这些都为茶叶生产的风险规避积累了一定的基础和优秀的经验，成为康县开展气象类保险的有益借鉴。

二、天气有风险，茶树有保险

茶农们迫切地需要规避风险的工具出现来帮助他们分担风险，甘肃省人民政府出台一系列相关政策支持现代保险服务业在农业领域的应用。针对康县茶产业的实际情况，康县人民政府联合大型保险机构积极开展调研，在有关部门的支持下，2016年获准在阳坝镇试点开办了茶树种植及茶叶低温气象指数保险，而后在全县开始推广，成为守护茶产业的“法宝”。

茶树种植及茶叶低温气象指数保险的保险责任包括暴雨、内涝、泥石流、风灾、冰雹灾害、旱灾、火灾、雷电、洪水（政府行为蓄洪除外）、病虫害以及低温造成茶叶茶芽坏死或品质受到损失。气象指数保险：每亩保险金额为2000元，费率4%，保费为80元；茶叶低温气象指数保险：每亩保险金额1500元，费率4%，保费60元；总保险金额3500元，由于有保费的财政补贴，参补茶农每亩茶树只需要缴纳保费125元。在保险期间内，实行累计赔偿，累计赔偿金额以保险金额为限。

茶树种植及低温气象指数保险从2016年的1774户茶农参保到2022年的所有茶农全覆盖，承包茶园面积稳定在1万亩左右。该险种进入甘肃省“一县一（多）品”特色保险品种目录，得到地方政府和有关保险机构的高度重视，在康县开展茶树种植及低温气象指数保险的机构也由最初的人保财险康县支公司一家扩大到两家。中央及甘肃省政府对农业保险高度重视，保费的政府补贴力度也有所加大，保险机构的参与积极性也得到了提升，农户的保险意识也有所增强。按照“五公开、三到户”的工作要求，承保和理赔的效率得到提升，从2016年4月阳坝镇遭受低温极端天气发生第一笔理赔的51万元，到近几年保险机构联合农业技术部门积极向茶叶种植农户提供全产业链服务，外延得到进一步扩展，气象类保险已经成为茶产业规避风险不可或缺的重要金融工具。特别是西北五省的首个低温气象指数保险，为区域内其他茶叶主产区开展低温气象指数保险提供了参考和借鉴。通过保险工具的介入有效地化解了茶叶种植农户的种植风险，稳定了农户收入，为康县从脱贫攻坚到乡村振兴的有效衔接起到了良好的示范作用。

三、康县茶树种植及茶叶低温气象指数保险发展经验

（一）“政府推动＋财政补贴”模式

农作物气象指数保险在茶叶产量较大地区得以推广的主要原因是有比较大的市场，能够在康县试点落地该类型保险。一方面，得益于国家政策的积极推进。国家层面出台了《农业保险条例》，省政府出台了《甘肃省人民政府关于加快发展现代保险服务业的实施意见》等，有了政策保障，区域内保险机构积极按照政府引导、市场运作、自主自愿和协同推进的原则开展茶叶种植保险。另一方面，得益于财政补贴，农户得到保费补贴，投保的积极性被进一步调动，投保范围的扩大可以使分散风险的保险职能更好地体现。

（二）保险机构履行社会责任

首先是保险产品需要得到广泛的认可。开始推行农业政策性保险的时候，种植大户很认可，然而小农户在犹豫。这时，保险机构与地方基层工作者一起走街串巷地开展宣传，赢得信任，业务才得以很快拓展。其次是探索出良性的运行机制。在开展茶叶种植保险业务过程中，采取“政府组织推动、财政补贴保费、保险公司自主经营和自负盈亏、乡镇网络支撑、茶农自主投保和赔款支付到户”的茶叶种植保险的市场运作模式，逐步形成茶叶种植保险的良性运

行机制。最后是赔付速度快。赔付速度快能快速弥补农户损失，从而使拿到赔付的农户有信心积极开展生产自救和再生产。农户就认识到保险的“好处”，业务的示范效益也会凸显。

（三）优质技术服务和风险管控随时在线

保险机构出资聘请当地茶叶技术人员组成茶叶种植技术和防灾委员会，定期为茶叶企业以及茶农开展茶叶种植技术的全过程培训，最大限度减少茶叶发生灾害损失的程度和频率，也为茶农提供承保和理赔一条龙的优质服务。建立风险评估制度，严格落实保险承办机构各项管理规定，同时，运用保险承办机构拥有的全国网络优势，为茶叶企业和茶农提供茶叶销售价格、需求量和种植技术等多方面的信息，为茶叶企业和茶农扩大销售和提升经济效益创造条件。

四、思考与讨论

通过梳理康县茶叶产业的茶树种植及茶叶低温气象指数保险的运行情况，我们不难发现，该类保险的重点是保险合同的设计，而难点是要精确收集气象数据，对丰富金融服务的内涵和服务外延的扩展具有非常重要的意义。考察发现康县 5 个乡镇茶叶主产区还存在诸多的短板，比如气象数据获取不便利、保险机构盈利性差、气象类基础设施欠缺，相关服务不足等。

基于此，我们建议：

一是完善气象数据的采集系统。除了采集影响茶树生长和茶叶产量的气象因子之外，还要关注其他影响茶园生产的风险因素，如湿度、强对流天气、降水、海拔、风速、洪涝灾害等，将上述因子也加入指数之内，可使气象指数更加完善。

二是要精确地获取茶园小区域内的气象数据。这就需要地方政府引导探索多元的投融资渠道，比如引进保险机构参与建设的 PPP 项目、“政府 + 合作社 + 农户 + 保险机构” 多元投资的模式等，建设密度较高的气象基础设施，扩大气象监测密度，扩大气象监测网络，提高气象站点的数据质量和覆盖面，能在短时间内研判出精确的气象综合数据，在风险事件发生时能提高保险的可获得性。

三是利用大数据技术等新技术提高气象数据的准确性。提高气象数据准确性，提升防灾减灾能力，可以直接在风险预防阶段发挥积极的作用，降低风险发生时的直接损失和间接损失。

四是提升农业气象类保险的市场化程度。一方面，提升气象数据的开放度，气象部门应做到与保险机构的数据共享，提高气象数据的更高可获得性，能够使保险机构进一步优化保险合同，提供精准服务。另一方面，政府发挥积极的引导作用，逐步使该类保险市场化运营，增加保险机构的盈利性，不但能够调动现有机构的积极性还能够吸引更多的保险机构参与，不断优化保险产品，推动农业保险高质量发展。

五是在积极开展相关气象类保险的同时，保险机构也要尝试推出“组合”类产品，比如茶叶收入类保险，推出针对康县茶叶的“保险 +”系列产品，比如联名产品、文创产品等，利用保险机构的网络优势形成良性循环，增加保险机构盈利点。

五、未来与展望

农业保险是解决“三农”问题的重要金融工具之一。基于气候变化的保险险种是农业保险的重要组成部分，特别是党的十八大以来，“三农”工作更加重视从金融工具入手，运用现代化的金融工具和手段服务农业发展。各个地区针对区域内的优势农业产业均出台相关扶持政策，给予更多的财政资金补贴，从脱贫攻坚到乡村振兴都发挥了极其重要的作用。甘肃省积极贯彻党中央的有关政策，为落实好农业保险强农惠农政策，不断强化政策引领，先后制定出台了《甘肃省加快农业保险高质量发展的实施意见》《甘肃省农业保险费补贴管理办法》《甘肃省农业保险助推乡村振兴实施方案》等一系列配套文件，初步构建了符合甘肃省情的农业保险“四梁八柱”，为落实好农业保险工作提供了政策保障。积极扩大农业类政策保险范围，协调区域内保险机构积极参与，建成“中央品种保大宗、省级品种保特色、市县品种作补充”的风险保障体系。在各级财政的共同努力下，财政方面给予更大的补贴力度，做到让农民交更低的保费享受同样的保险服务。2023 年，全省农业保险品种 101 个，其中，中央品种 13 个、省级品种 10 个、市县品种 78 个，涵盖了种植业、养殖业、林业等方面，为全省农业产业持续发展提供了有力支持。

近年来，各地纷纷探索“气象＋保险”助农惠农，保险的风险防范、倍数效应、增信等职能在乡村振兴中发挥积极作用。在发展过程中，甘肃省也积极落地试点数字农业气象指数保险项目，扩大气象指数保险广度和密度，延伸保险的覆盖面，旨在通过数字技术和天气大数据探索不同的保险模式，服务“最后一公里”。目前，气象指数保险已经覆盖的县区达到了 6 个，涵盖的农产品包括茶叶、水果、高原夏菜等品种，而这些产品又都是“甘味”品牌矩阵中的优质农产品，有了数字农业气象指数保险的保驾护航，必将为“甘味”品牌注入新的活力。在气象指数保险开办过程中，地方政府积极参与帮助保险机构拓展业务，财政补贴保费，让保险可以覆盖更多的农户。

随着乡村振兴战略的持续推进，农村保险金融机构不断扩容，基层服务网点已经能够覆盖 95% 以上的乡镇。农业保险在普惠金融支持农村高质量发展过程中将衍生出更多的产品和服务内容，进一步“扩面、增品、提标”，针对优质农产品的风险防范也会形成系列险种的综合保险体系。2023 年 10 月，国务院印发《关于推进普惠金融高质量发展的实施意见》，该意见的出台为农村保险在乡村的运行进一步指明了方向。甘肃省深挖“牛羊菜果薯药”六大特色产业，加快推动现代寒旱特色农业高质量发展，取得了丰硕的成果，普惠金融作为重要的生产要素发挥出积极作用。但是，还是存在一些突出的短板需要助力解决，比如农户的保险意识不强，参与保险的主动性还没有被完全激活，展业实际上靠的是财政补贴和基层人员来推动，风险数据还不够完整，上述问题导致保险产品的定价和理赔也遇到挑战，影响新产品的开发和推广。另外，其与其他金融机构的普惠金融产品没有形成有效的联动。解决以上问题，任重道远，需要地方政府、保险机构继续探索，继续尝试，形成一套适合甘肃农业发展的普惠保险体系。

【参考阅读】

西北五省首家茶叶低温气象指数保险在康县成功试点

2016 年 7 月 6 日，康县 1774 户茶农与中国人民财产保险公司陇南市分公司签订了 2016 年度茶树种植和茶叶低温气象指数保险，保险从 2016 年 3 月 1 日起生效，这也是西北五省首家茶叶低温气象指数保险的试点，为陇南市茶农探索了一条具有收益保障性的新路径。

康县是陇南市茶叶的主产地之一，2015 年康县茶叶种植面积达到 6.05 万亩，年产绿茶 65.6 万公斤，产值达 6473.5 万元。但近几年茶农种植的茶树受极端天气和自然灾害频发等因素的影响，导致茶农每年均有不同程度的经济损失。

近年来，康县围绕精准扶贫，在助推产业发展方面做了很多积极探索和实践。2016 年以来，按照省财政厅、省农牧厅和甘肃保监局推动县域特色惠农保险的要求，康县政府和人保财险陇南市分公司积极向省财政厅、省农牧厅和甘肃保监局争取政策资金支持，并对方案和条款费率多次进行修改，最终争取省级专项配套资金100万元，县级财政配套资金33.17万元，财政补贴比例高达90%，该试点保障了4130万元的风险。该保险试点的推出，在有效防范风险，扶持地方特色产业发展，提高茶叶产业的抗风险能力，保障茶农切身利益等方面将发挥十分重要的作用。

资料来源：陇南农业农村公众号，2016年7月8日。

案例 5

农地经营权抵押贷款试点的西和实践

2015 年以来，陇南市西和县积极开展农地经营权抵押贷款试点，取得良好效果，为甘肃省推进农地经营权抵押贷款的开展积累了优秀的经验。本案例结合相关理论分析，梳理出西和县推进农地经营权抵押贷款试点在制度保障、土地确权、风险分担、业务创新等方面一些经验和具体做法，得到加强“软保障”和“硬保障”以及商业银行围绕农地经营权开展贷款模式创新和产品创新的启示。

西和县何坝镇和旺半夏专业合作社负责人鲁工直凭借农村土地承包的经营权等相关证明，申请了 700 万元的“两权”抵押贷款，主要用于加工销售半夏。两天后，在西和产权交易中心工作人员的帮助下，鲁工直的贷款就被批准了。在农地经营权抵押贷款试点之前，这么大金额的贷款是想都不敢想的事。

随着农业产业现代化的快速推进，农业生产规模化的步伐也进一步加快，农业经营主体在发展生产过程中资金需求意愿也发生了变化，但是在实践过程中，由于基层农户缺乏有效的抵押导致信贷资金的可获得性受到影响。基于此背景，国家层面积极推进改革，早在2008年，中国人民银行和中国银保监会联合推出的《关于加快农村金融产品和服务创新的意见》中提到鼓励以农地经营权抵押等作为获取信贷资金的抵押物在全国开始试点。2013年11月，党的十八届三中全会审议通过《关于全面深化改革若干重大问题的决定》，明确了农户对于确权的土地承包经营权、土地使用权和土地收益、土地流转等具有抵押担保权能。2013年以后，每年的中央一号文件和历年的政府工作报告也都多次提出该问题，并且肯定了农村产权的可抵押性，在全国范围内涌现出很多成功的试点案例。2015年以来，陇南市西和县积极开展试点工作，初步探索出了一条适合西和县的农地经营权抵押贷款的路子，成为甘肃省内试点较成功，推进相对深入的县区，得到了业界的广泛认可，截至目前，全县累计发放农地抵押贷款金额近3亿元。

一、农地经营权抵押贷款激活“土地资本”

农户手中最有竞争力的生产要素就是土地经营权资源，但是多年来，土地经营权资源没有转化为“土地资本”，试点前农地经营权不是商业银行认可的抵押物，因此农地经营权不能有效地转化为带有资本性质的生产要素，在生产函数中占比较低，导致劳动力要素投入不足，通过商业银行改善信贷可获得性和便利性较难，成为农户获得金融要素的重要阻碍。赋予农地经营权抵押和担保的权能以后，土地应有的资本属性被唤醒，农地经营权的金融属性得到商业银行的认可，进而带动农户加大资本投入和提高劳动力的信心，有效改善了信贷资金的可获得性和便利性，加速重构生产函数，促使农业生产的资源配置进一步合理，生产效率进一步提升，进而实现农业产出的提升和农户财富水平的提高。

随着农地经营权抵押贷款试点的不断深入推进，受生产要素重构的影响，土地确权颁证、流转交易等配套的改革也会加快健全，相应的政策保障和区域农地经营权交易平台也会进一步完善，改革的加快，有效推进农村产权制度的各项改革。

二、农地经营权抵押贷款扩宽银行支农渠道

商业银行开展农村业务，因农户抵押物不足，信贷资金规模也受到一定限制，降低了商业银行发展普惠金融业务的渠道和数量，对于开发新的支农惠农金融产品内生动力不足。另外，受农地交易市场不完善、交易成本高以及抵押物处置面临法律风险等因素的制约，与其他类型贷款相比，农户申请农地抵押贷款后可获得的贷款额度相对较小。农地经营权获得抵押和权能以后，农地交易市场进一步完善，交易成本降低，商业银行开发新产品，促使信贷规模进一步扩大，支农渠道进一步拓宽，实现商业银行和农户之间的“双赢”局面。

三、西和县农地经营权抵押贷款试点的实践

西和县位于甘肃省东南部、陇南市北端，地处长江流域西汉水上游。辖16镇4乡、384个行政村、10个社区居委会，总人口44.3万人，农业人口34.8万人。总面积1858平方公里，耕地面积87万亩。西和县农业资源富集，是甘肃省最适宜马铃薯生长的地区之一。域内有中药材358种489味，所产旱半夏品质优良，产量占全国市场份额的60%以上，是名副其实的“半夏之乡”。2015年底，西和县被列为全国农地抵押贷款试点县。在试点实践过程中，具体的做法有：

（一）“1+7”系列工作方案构建政策支撑

西和县开展试点，需要先做好制度保障。县政府、县法院、县检察院等机构积极协调，根据国家政策，完善配套制度，2015年和2016年先后出台了一系列政策文件。相关部门于2015年出台了《西和县农牧局关于公布西和县农村土地承包经营权及各类作物抵押评估参考价格的通知》《西和县人民法院关于为农村三权抵押贷款提供司法保障的指导意见》《西和县农村产权确权抵押交易工作实施方案》，于2016年出台了《西和县农村承包土地的经营权抵押贷款管理暂行办法的通知》《西和县农村承包土地的经营权抵押登记暂行规定的通知》《西和县农村承包土地的经营权抵押贷款风险补偿基金使用管理暂行规定的通知》《西和县农村承包土地的经营权抵押贷款试点实施方案的通知》《西和县乡镇农村产权确权抵押交易服务站设置

指导方案的通知》等配套文件，形成了“1＋7”的系列试点工作实施方案，在流转交易平台建设、信贷产品研发、确权颁证、抵押物处置及风险缓释机制等试点配套机制建设方面取得了明显进展，使试点工作有法可依、有章可循，激发了试点工作活力。

（二）西和县土地确权夯实试点基础

以农地经营权抵押贷款试点为契机，加速土地确权进度，农村土地承包经营权确权登记颁证工作通过省级验收，确权率和颁证率均达到100%。西和县农牧部门公布了全县农地承包经营权及各类作物抵押评估参考价格，为抵押物价值评估提供了依据和标准。

（三）“三级联网”体系保障高效服务

西和县政府依托陇南市农村产权交易平台投入300余万元建设农村产权交易平台，在线下打造下沉服务到镇的网络机制，在县城设立农村产权确权抵押交易中心，在乡镇设立20多个服务站，在所有行政村配备信息员，搭建了“县城有中心、乡镇有服务站、村有信息员”的市县乡三级联网体系，使服务能够辐射全县所有行政村。在线上使用现代信息技术，包括确权登记和抵押登记的全部业务通过互联网实现，不但规范了相关业务操作，还提高了服务效率。辐射村级的全县农村产权综合交易平台为农地经营权抵押贷款试点奠定了良好的基础。

（四）多主体参与有效化解风险

依照出台的相关政策，明确银行贷款风险防范职责和抵押物处置权限及措施，切实维护和保障金融债权安全。对农地抵押贷款形成的不良抵押物，可通过产权交易平台进行流转，所得价款由金融机构优先受偿，建立“政府风险基金 + 商业银行”共同分担风险的机制，县级政府先期设立200万元的风险补偿基金，对因不可抗力造成的农地经营权抵押贷款损失，由政府和商业银行按比例共同分担。同时，司法机关出台相关指导意见，依法受理和稳妥审理、执行涉及农地经营权抵押贷款的案件，保障金融债权。另外，还鼓励保险公司探索开展农地经营权抵押贷款保证保险业务，扩大政策性农业保险覆盖范围。通过以上具体做法，有效提升了商业银行参与农地经营权抵押贷款的积极性。

（五）创新抵押方式，丰富信贷产品

县域内商业银行探索推出了“农地抵押 + 资金池增信”“农地抵押 + 五户联保”“农地抵押 + 个人信用”“农地抵押 + 动产质押”等信贷模式，开发了“半夏宝”“药贷通”“陇药通”“金薯宝”等多个农地抵押贷款信贷产品，提高了贷款授信额度，降低了贷款门槛。此外，中国人民银行陇南中心支行将扶贫再贷款、农村信用体系建设示范乡镇创建与农地抵押贷款试点工作结合起来，以优惠的利率激发需求、撬动农地抵押贷款发放。

四、西和县农地经营权抵押贷款试点取得的效果

（一）有效新增信贷规模

农地抵押贷款门槛低、额度大、信贷产品丰富，进一步拓宽了

农村融资渠道，有力地促进了金融资源向农村集聚。2016 年以来，西和县新增农地抵押贷款 92 笔、8160 万元，贷款余额 8988 万元。

（二）促进了特色农业产业化发展

在试点工作中，重点扶持了广鸿中药材、民旺马铃薯和恒力半夏等一批专业合作社，每户贷款额度都达到了 300 万元以上，个别合作社甚至突破了 1000 万元，支持壮大了农业龙头企业，带动延伸了特色产业链条，促进了县域特色农业提质增效和农民增收。

（三）加快了农村产权制度改革

试点工作加快了该县农村土地确权颁证、流转交易等农村产权制度改革的推进步伐，农地可通过平台流转交易、可抵押贷款等政策已深入人心。试点中 90% 以上的贷款，发放给了合作社等经营主体，进一步激励了农地流转交易，提高了农村要素资源配置和利用效率。

五、西和县农地经营权抵押贷款试点实践的启示

（一）“软性保障”不软

“软性保障”就是一系列的政策保障机制，西和县在试点的过程中，不但借鉴发达地区经验还结合当地实际，在试点之初就建立起一套保障制度。另外，当地政府和辖区内金融监管机构、商业银行、保险公司等建立协同工作机制，加强业务指导和业务合作，分别与辖区内农商银行、中国农业银行、中国邮政储蓄银行和甘肃银行等

签订战略合作协议，设立由政府出资的风险补偿基金，实际是把政府信用最大限度地利用到农地经营权抵押贷款试点中，并且大力推进政策性农业保险，提升商业银行参与试点的积极性，切实保障试点工作有序开展。

（二）“硬性保障”更硬

“硬性保障”就是在县城设立有固定办公地址的产权确权抵押交易中心和乡镇设立办公地点，同时试点业务可全部上网，能够以“线下＋线上”的形式开展农村产权交易，不但提升了交易效率，还给村民吃了一颗“定心丸”。“三级联网”机制中设立的行政村信息员，不但能够第一时间把农地经营权抵押贷款试点的各项相关政策宣传到位，还能够指导农户通过互联网直接开展交易，有效地推进了农地经营权抵押贷款试点的深度和广度。

（三）创新“农地抵押＋”模式

商业银行结合当地实际开展了模式创新和产品创新。在模式创新方面，由于农户土地的“细碎化”、信贷资金量数量不一、资金使用时间存在差异、商业银行尽职调查“不够”等现实情况，围绕农地抵押，扩大抵押范围，有效提升抵押质量。商业银行有针对性地创新了四种模式：一是“农地抵押＋资金池增信”模式，针对收入现金流不错、信贷资金使用灵活、需要流动性资金较多的农户开发；二是“农地抵押＋五户联保”模式，该模式是利用“熟人社会”的社会治理来弥补商业银行尽职调查“不够”设计的，因为“熟人”对于贷款对象有深入的了解，可降低商业银行和农户之间的信息不对称，从而降低风险发生率；三是“农地抵押＋个人信用”模式，其是针对征信良好的农户推出的产品；四是“农地抵押＋动产质押”模式，不能满足靠“自身积累”和“熟人借贷”条件的人员，可使用该模式获得贷款。

总体来看，以上四种模式，实质上是在原有的模式上加入了获得抵押担保资格的农地经营权开展的创新，在有效地提升了农户的信贷资金的可获得性和便利性的同时，信贷门槛也进一步降低，还进一步激发了商业银行的放贷积极性。在金融产品创新方面，结合西和县是优良的马铃薯产区和中药材产区的特点，加之近年来国家政策性农业保险的推广，在产出得到保障的前提下，在农地经营权抵押贷款的信贷资金额度进一步提高，有力地扶持一批种薯大户、种药大户，在打造县域特色产业发展的路上提供更多的金融支持，有效地延长产业链，促进特色产业从第一产业向第二产业、第三产业的延伸和融合，为促进县域经济发展、解决就业、提升特色产业竞争力作出了积极贡献。

六、讨论与思考

在考察过程中，西和县农地经营权抵押贷款试点取得了一定的成效，呈现出稳步增长的态势，目前贷款余额超过 1.44 亿元，较 2016 年增长 57%，年均增长超过 15%，在甘肃省内排名靠前，为甘肃省推进“两权”改革积累了优秀经验。

但是以下问题也值得思考和讨论：一是获得经营权抵押的农地是否和农户经营资金的需求相匹配。农户获得的经营权抵押资格的农地往往呈现出“细碎化”的特点，并且部分土地出产相对贫瘠在资产评估过程中，抵押价值较小，与之相匹配获得信贷资金的规模也较小，有些时候不能够满足农户扩大经营的资金需求，虽然在试点过程中也针对该问题提出了新的贷款模式，但是随着试点的深入推进，商业银行在信贷行为实践过程中，为了降低“逆向风险”，进而会把其他抵押、担保模式放大，把农地经营权抵押弱化，这就需要地方金融监管机构加强窗口指导。

二是农地经营权流转存在“薄市场”。建立起的交易平台范围较小，主要是在县域内开展流转，但是当农地经营权抵押贷款出现无法偿还时，需要一个拥有深度和广度的市场将抵押农地经营权处置进而获得补偿，但是建立的以县域为主的交易平台，不能够满足风险处置需要。另外，县域内没有熟悉当地实际情况的资产评估机构，对于农地的产出判断会有所偏差，也导致部分农户不通过交易平台而是通过“熟人流转”等情况出现。

三是风险分担机制需要进一步完善。目前建立的风险分担机制以政府为主，这就形成了“政府兜底”式的风险分担机制。由于“薄市场”的存在，商业银行在处置风险资产时，处置交易成本加大，商业银行开展信贷更看重的是政府对于风险的“兜底”，这为农地经营权抵押贷款的可持续发展带来一定的阻碍。

党的十九大报告提出“承包关系稳定且长久不变”，这就为农地经营权抵押进一步推进奠定了稳定的基础。国家对于“三农”的高度关注和支持，使普惠金融取得长足发展，西和县的实践只是金融创新的一个缩影。未来，更多适宜农业发展的普惠金融工具和服务的落地将为农业现代化赋能。

【参考阅读】

农地经营权抵押贷款“难”在哪儿？

2015年12月，全国人大常委会授权232个县（市、区）开展农村承包土地的经营权抵押贷款（以下简称农地经营权抵押贷款）试点工作。根据人民银行盘锦中支对辽宁省内74家县域法人金融机构和1590户农户的实地问卷调查，虽然农地经营权抵押贷款呈现出融资主体申办意愿提高、抵押担保形式丰富以及贷款执行利率合理等积极特征，但其中仍存在诸多制约因素，影响了该业务的实际效果，亟须有关部门协调解决。

（一）有效降低涉农主体融资成本

贷款以单一抵押方式为主，存在少量的担保和补充抵押形式。从担保方式看，以协议抵押方式发放的农地经营权抵押贷款为基本形式。以农村承包土地的经营权为单一抵押的贷款占66.7%，且以反担保形式为主；而组合其他担保方式的仅占33.3%。农民与银行达成的农地经营权抵押贷款多为非正式契约，这种非正式契约占主体的局面成为事后可能发生债权债务纠纷的隐患。另外，存在少量（12.6%）将农村承包土地的经营权抵押给第三方的担保贷款和追加承包土地的经营权作为补充抵押方式的贷款。

贷款以个人小额短期为主，有向长期大额转变的趋势。按承贷主体和用途划分，农地经营权抵押贷款中个人经营性贷款占比达69.9%。从贷款期限上看，短期贷款占比达54.0%，略高于中长期贷款，主要是受土地养老属性及传统思想观念影响，60%以上的农户认为农地对于家庭具有重要作用，是当下生存和未来养老的生活保障。由于农村土地规模化流转程度仍然偏低，融资主体大规模贷款需求仍难满足。但随着现代农业对资金需求层级的逐步提高，农地经营权抵押贷款逐渐向大额长期化转变，单笔贷款平均额度从7.5万元上升到11.2万元。

贷款执行利率普遍较低，能有效降低涉农主体融资成本。在利率执行方面，金融机构发放的农地经营权抵押贷款利率普遍较低，部分地区一般农户贷款年利率从11.5%下降至7.2%。调查显示，部分地区农村土地承包经营权抵押获得的农户贷款相比其他涉农贷款利率优惠15%以上，而农民专业合作社贷款利率根据不同情况优惠10%～12%。

（二）贷款缘何落地难

调查发现，在农地经营权抵押贷款开办过程中，面临银行约束条件多，贷款开展落地难；中间环节手续繁，农户申办意愿低；抵押评估价值低，可贷资金规模小；土地流转不规范，规模效应形成难等一系列问题。

另外，农地经营权抵押登记、价值评估等手续烦琐。交易平台在办理农村承包土地经营权等多项农村产权交易品种的同时，还负责对农地经营权抵押贷款进行登记。部分地区设置农村土地承包经营权流转服务中心，负责颁发农村土地承包经营权证、农村土地使用证、农村土地他项权利证明书等业务，并对土地承包经营权抵押登记步骤及要件进行严格规定，办理手续较为复杂，而参照传统抵押贷款的评估方式与实际需求之间存在不对称性导致银行承贷积极性不高。

农地经营权抵押贷款发放的前提是承包经营权能够进行有效的评估、抵押，但多数地区采用传统抵押贷款评估方式，评估出的土地价值能够获得的信贷资金不能满足申请人实际需求。银行机构抵押贷款抵押率在50%左右，银行机构最多能发放4万～5万元的贷款。而在实际办理过程中，申请人还需承担评估、抵押等中介费用。因此，农业经营主体实际能从银行机构获得的信贷资金支持不足5万元，致使农业融资主体参与农地经营权抵押贷款热情不高，更倾向于通过民间融资或亲朋借贷的方式获得资金。

此外，当前农村土地在流转上还不规范，大范围的土地流转短期内难以实现，农地抵押贷款规模效应难以形成。部分试点地区土地性质是集体土地和国营农场土地并存，且集体土地面积占比较低，通过农地经营权抵押贷款获得的信贷资金支持有限。同时，集体土地面积占比较低也影响地方政府推动试点工作的积极性。试点土地性质与试点地区土地性质存在不对称性也在一定程度上影响支农效果。调查显示，7个试点地区土地流转面积约占土地总面积的50.6%，虽明显高于全省38.2%的平均值，但总体水平仍然不高。

（三）是什么在“拖后腿”

配套政策措施缺位，金融机构陷入两难境地。农地经营权抵押、流转、评估和处置所需的专业化服务机制和规章制度滞后，还缺少规范的流程和有效的法律保障。目前，农村土地存在合同面积、实测面积和确权面积三个口径，而主管部门并未就经营权证上面积认定作出统一规定，导致颁证工作进展缓慢。虽然部分地区已颁发土地经营权证，但范围小、数量少，难以满足供需双方抵押融资需要。而贷款风险诉讼环节缺乏政策法规依据，资产处置基本通过协商方式解决。

市场中介服务不健全，制约贷款开办效率。农村承包土地经营权流转机制尚不健全，还未建立规范的交易市场，缺乏交易主体和交易机制，农地经营权作为抵押物变现困难。缺少对土地承包经营权进行抵押登记的职能部门，无法对土地承包经营权进行登记，只能办理协议抵押。部分地区虽然建立了农村土地流转平台，但层级较低，范围较小，挂牌流转土地少，交易不够活跃。未建立多层次、多形式的农业担保体系，担保能力仍显不足，银行在处置资产时损失仍较大。

风险补偿和缓释机制缺乏，银行机构开办主动性不足。域内农村承包土地经营权开办较晚，尚属于起步阶段，加之农业生产受气候、市场因素影响较大，均增加了银行机构的风险，而财政风险补偿机制的缺失导致金融机构开展业务的可持续性受到影响。目前，由于缺乏配套的贷款担保和相应的风险分担、补偿机制，尚未对业务经营风险进行有效补偿，未建立配套的专项风险保障资金，银行机构只能独自承担贷款风险，对开办农地经营权抵押贷款存在畏难情绪。

农村金融生态环境差，银行普遍存在畏难情绪。虽然近年来农村信用环境有所改善，但仍存在骗贷、逃贷等不按期偿还贷款的现象。银行机构普遍担心农地经营权抵押贷款一旦发生违约，处置抵押物时将耗费大量人力、物力、财力等成本。而银行机构对融资主体进行起诉，多数都是以借款人无力偿还告终，直接导致银行机构选择信誉较好的“信用村”进行对接，采取房产抵押、联保贷款等比较传统、安全的方式放款，对农村承包土地经营权抵押贷款望而却步。

（四）政策、机制要跟上

完善政策配套措施，提供扎实有效政策保障。制定统一、科学、公开、透明的交易规则，出台农地抵押物产权变更的具体操作流程。出台风险补偿等配套政策、措施，完善农地经营权抵押、流转、评估的专业化服务机制。细化和落实对“三权”抵押的确权颁证、登记、评估、流转处置等各个环节，支持以各种合法方式流转的农地经营权用于抵押。做好农村土地确权及土地承包经营权登记等服务工作，研究制定出台农地经营权抵押贷款税收优惠政策。

加快中介市场体系建设，完善融资供需双方对接环节。搭建规范的农村产权交易平台，建立起覆盖市、镇、村各级行政区域的服务网络，形成完善的农村产权交易体系。加快完善农村产权的市场定价机制，实现交易平台与金融机构间的对接共享。探索开放式的土地经营权评估机制，建设完善农村土地价值评估市场。制定统一的农村产权价值评估指导标准和技术规范，对农地经营权进行合理估价，对评估人员定期进行专业培训。

完善风险补偿和缓释机制，提升金融机构积极性。省级财政应研究建立专门的农地经营权抵押贷款风险补偿专项基金和担保基金，对农地经营权抵押贷款给予适当利息补贴，并建立专项管理办法，设定使用条件，使银行机构增加担保途径，并在借款人不履行到期债务时能够得到合理的补偿。设立抵押贷款风险补偿基金，促进农村产权加速流转，有效降低金融机构经营风险。

提升抵押品处置有效性，降低金融机构财产损失。当农业贷款出现逾期时，依托农村综合产权交易中心，对抵押物进行公开处置，用于偿还金融部门的贷款本息，降低金融部门融资风险。组织金融机构与农委、国土、住建、法制等部门加强沟通和调研，尝试发挥农村基层组织作用，提升农村产权交易平台挂牌流转的效率，寻找合适的抵押物处置方式。

资料来源：黄明，张峁：中国新闻网农村金融栏目，2019年9月1日。本文有删节。

案例 6

金融“活水”浇灌陇南农村电商快速成长

电商扶贫的“陇南模式”得到国内外认可。区域内金融机构积极践行普惠金融，监管机构加强政策供给和优化金融生态环境，商业金融机构开展业务和探索配套金融服务，探索出一条金融支持农村电商发展的普惠金融之路，取得了良好效果，为金融支持乡村振兴战略积累了一定的经验。

陇南市地处秦巴山脉，独特的气候环境孕育出质量良好的特色农产品，形成了特色农业产业发展优势明显的格局，但是交通基础设施薄弱、当地农民观念陈旧、信息不对称等因素，使优质农产品走出大山一直受到限制。党的十八大以来，随着扶贫政策的进一步深化，政策协同效应凸显，多方联动发力为陇南发展又注入了一剂“强心针”，互联网经济的发展也为陇南市精准扶贫找到了出路。陇南市委和市政府从 2013 年起，找准发力点，积极扶持农村电商发展，助推农产品走出大山，探索出一条适合当地实际的扶贫之路，全市开办网店 1.4 万多家，累计实现电商交易额超过 140 亿元，电子商务带动就业人数超 22 万人，带动贫困人口增收超 15 万人，电商扶贫对贫困群众的人均收入贡献达 810 元，被称为“陇南模式”，受到国内外的广泛关注。陇南农村电商扶贫先后荣获 2018 年中国智慧“三农”大会特别大奖、2018 年全国十佳精准扶贫创新城市、2020 年“全球减贫案例有奖征集活动”最佳减贫案例等荣誉称号。

金融要素作为经济发展重要的禀赋，在脱贫攻坚的道路上，结合陇南电商产业链的发展特点开展业务创新，提升服务能级，伴随陇南农村电商从无到有，由弱到强，积极发挥金融优势，走出了一条金融支持电商发展带动贫困户增收增智的扶贫之路。2015 年以来，陇南市辖区的金融机构累计向电商产业链发放信贷资金超百亿元。支持了陇南市 1.8 万余电商“双创”人员就业，其中有 285 个贫困户自主开办网店。土蜂蜜、小杂粮、刺绣等 1200 多种特色富民产品被发展为适销网货产品。企业信用档案数增加 3128 户，农户信用档案数增加 10243 户，授信新增 25.9%。农村支付服务实现行政村全覆盖，网上支付用户较 2015 年增加 110%，移动用户较 2015 年增加 58.74%。各类商业银行电商平台为 249 家电商累计贡献交易额 20 亿元。截至 2018 年末，建行“善融商务”平台、工行“融 e 购”、兰州银行“三维商城”、农行“四融平台”和信用社“万颗商城”等电商平台共入驻企业 200 余家、个体户 1.62 万户，全年交易额超过 8 亿元。陇南市电商带动就业人数超过 22 万人。

一、电商发展的金融排斥

陇南个体电商借助国家政策的支持和地方政府的扶持从无到有，从弱到强，把优质的农产品推介到全国甚至是海外。在电商发展初期，由于地理条件限制和历史原因，金融作为产业发展的重要支持条件没有被积极跟进，成为陇南电商产业链发展的短板因素。

首先，业务下沉不够。由于历史原因，金融机构在农村的基层网点不够，分支机构一般建立在县一级，且人员编制有限，覆盖广大农村地区有一定困难。县一级分支机构的自主权也较少，授信额度也较小，出现了金融产品和金融服务缺位的情况。在风险机制和征信方面，虽然商业银行有完善的内控机制，但是面对差异化的农村市场，特别是刚刚起步的电商，非规模化的特色农业产业等，金融机构探索适合这些产业的风险机制管控的“节奏”没有跟上，这也成为金融下沉不够的原因。

其次，支持电商发展的创新力不足。银行贷款是农村电商唯一的金融支持。但是传统型的贷款面对电商这个新兴的行业，还是秉承着以资产为核心的理念，对于电商的交易额、订单量、电商等级评分和信誉度等反映电商发展和信用的关键性变量没有被纳入授信考核范围，直接导致产品结构单一，创新性不足，金融机构没有开发出专门针对电商的贷款产品。另外，电商面对的商机是“短时间”的，原有烦琐的贷款过程包括客户调查、审批等诸多环节，漫长的等待时间也可能贻误商机。

最后，电商自身发展有局限。与大型电商企业相比较，农村电商普遍经营规模不大、资金实力较弱，很多农村电商没有成为正规的企业主体，还处在个体经营的状态，包括产品质量检测、物流运输仓储、售后服务等方面还有不完善的地方。农村电商发展的初级阶段无法引起金融机构过多的关注，商业银行传统信贷的发放规模没有得到有效激活，导致金融机构与农村电商之间的供需匹配度不高。

二、破解金融支持农村电商发展“瓶颈”的实践

（一）加强政策供给

面对蓬勃发展的农村电商，中国人民银行陇南中心支行从加大信贷支持、优化支付服务、建立电商信用评价体系、创新跨境电商金融服务体系等四个维度聚焦陇南农村电商发展的关键点，制订“114”攻坚行动计划，出台《陇南市金融支持电子商务发展的意见》，配套制定实施方案，引导辖区内金融机构以链式思维支持陇南电商扶贫发展，做到金融支持农村电商发展的“延链”“补链”和“强链”。

（二）优化金融生态

积极补齐电商信用评价、支付服务、跨境电商服务等短板，优化电商扶贫金融生态环境，集中精力搭建金融支持电商扶贫事业的长效机制。

一是优化信用环境，构建良好信用基础。一方面把农村电商行业经营主体全部纳入信用档案建设之中，企业信用档案数增加3128户，农户信用档案数增加10243户，授信新增25.9%。另一方面构建适宜本地农村经营电商的信用评价体系，陇南市电子商务信用评价指标体系，针对自营型和平台型网站制定双套电商信用评价指标。为商业银行支持农村电商发展奠定了良好的金融生态基础。

二是加快基础设施建设，补齐支付环境短板。农村电商经营对支付速度快，支付环境安全的需求更加突出。陇南市加强农村助农服务点的新建、扩建和改造提升，把支付服务延伸到每一个行政村，累计建设5032个助农取款服务点，有效提升支付服务范围。同时，商业银行也积极研究支付业务新工具的推出和服务模式，探索出“金融服务+电子商务+移动支付”模式。兰州银行推出的“付款POS机+单位银行卡”模式方便了电商收款，打消了农户售卖农产品收款不安全顾虑，金桥村镇银行、甘肃银行等金融服务流动车模式有效提高了金融服务便捷度。

三是积极拓展外汇业务，高效服务跨境电商。在国家外汇管理局陇南中心支局的大力推动下，辖区内已经有25家机构具有办理外汇业务的条件，方便农村电商经营主体开展本外币结算业务，节省“脚底成本”。积极开展外贸相关服务，通过“一企一策”“专人辅导”和召开辅导座谈会等形式，辅导跨境电商的经营主体，熟悉相关政策，挖掘经营主体的外贸内生动力，为跨境电商保驾护航，促进辖区内优质农产品走出国门。

（三）开展业务创新

陇南市从事农村电商的群体主要是创业青年和小微企业，这些群体的信用资产和担保物质量不高，商业银行结合这一特点，从信贷准入、利率、期限、审批流程、抵押担保等方面积极开展普惠金融业务创新，从挖掘信贷主体的信贷资产入手，一是探索推广互联互保模式。推出了“电商+合作社+农户”“电商+协会+农户”和电商协会会员联贷联保等组合抵押担保模式，推广“电商产业链企业+资金池担保”“1+N”供应链担保模式。二是探索推出审批灵活、担保门槛低、时效性高的信贷产品。比如中国农业银行为农村电商创业青年量身定制的青年电商信用卡，极大地满足了个人电商资金周转时效性和灵活性需求。甘肃银行以网上零售店交易量为依据的“e贷易”，是一款普惠性突出的信用贷款，极大地改善了小微电商担保不足，导致信贷资金获得难的现状。类似的普惠性金融创新产品在辖区内还有数十种，极大地满足了农村电商主体资金需求。三是加强部门协作联动。通过与地方财政、扶贫机构的协作联动，延长农村电商产业链，构建和加强政府性融资担保体系，以此为牵引，通过产业链的完善和担保体系的支撑，撬动商业银行开发创新创业担保贷款、特色产业发展工程贷款、小额精准扶贫贷款等多个惠及面广的普惠信贷产品。

（四）多元配套服务

商业银行利用自身中间业务的优势，积极帮助农村电商经营主体拓展业务空间，支持电商企业入驻商业银行电子商务平台，把商业银行的客户有效对接为电商经营主体的潜在客户，推进农产品进城，有效衔接农副产品和城市餐桌，打通农产品进城的“最后一公里”，有效降低小微电商的成本。商业银行还积极利用自身渠道开展宣传推介，以积分兑换等形式增加客户黏性，扩大陇南农产品的半径。2018 年 8 月，康县兴源土特产商贸公司入驻兰州银行的百合生活网，兰州银行定期为他们开展农副产品宣传促销活动，不到 3 个月时间公司就实现线上销售收入 30 多万元。此外，还有田园橄榄油入驻“善融商务”平台等鲜活的例子。

三、对金融支持特色农业发展的思考

首先，特色农业产业发展的自身属性决定了金融支持的必要性。特色农业不仅是改善西部贫困地区农业产业结构调整的基础，也是提高农业生产效率和增加农民收入的有效途径。与发达国家和国内其他特色农业发展较好的区域相比，西部地区特色农业发展空间和可挖掘的潜力巨大，可为西部地区的农业和农村发展提供巨大的空间，对于提高农业生产效率有十分积极的战略意义。特色农业产业正处于内涵式发展向外延式发展的过程，使农业部门与非农业部门的业务合作增加，对特色农业产业金融服务的需求越来越大，特色农业的发展壮大、新品种的培育及改良、新产品的研发和营销等，都需要大量的资金支撑。西部地区特色农业的发展，还面临诸如商品化进程慢、规模化小、市场化程度低，产业链不完整，资金投入不足，融资渠道狭窄等困难。农业的产出水平主要取决于投入农业的资本、劳动力、土地和农业技术4种生产要素，而资本是这些生产要素的核心，因为劳动力、土地和农业技术的获得都离不开资本的支持，增加资金投入是解决上述问题的关键。金融支持的主体是银行等金融机构和金融市场，客体是农业产业化企业。农业产业发展金融支持的作用机制就是银行等金融机构和金融市场，按照一定的规则，通过某种金融工具，把拥有的资金转化为金融资本后，为农业产业化企业的发展提供各种资金支持，进而推动整个农业产业效益的提高、规模的扩大和结构的优化。另外，在贫困地区一部分特色农产品加工企业运作模式陈旧，由于融资渠道的狭窄造成硬件更新缓慢，难以适应现代农业发展要求。特色农业企业的发展直接决定着特色农业企业的经营状况和盈利能力，这客观上需要获得金融支持，引进先进的技术和硬件，加大特色农业产业发展的金融扶持力度和加快特色农业产业化进程。

其次，金融资本对特色农业产业投资是优化信贷资源配置的重要选择。传统农业的投入产出比是农村金融供给与需求之间矛盾根源，各级政府积极出台鼓励特色农业融资的金融政策。特色农业发展的深度和广度，取决于特色农业风险和收益的不确定性。正如著名农业经济学家舒尔茨所言：“农民是否接受某种新兴生产要素，取决于扣除风险和不确定性之后所取得利润的高低。”在现代市场经济发展背景下，所有产业的发展和壮大均离不开金融机构的支持，特色农业产业也不例外。信贷资金导向是产业提升的助推器，而提升产业发展水平又是金融资源效率的保证。金融市场对特色农业进行金融资源引导，主要是通过提高金融资源使用效率而实现的。金融资源配置是金融市场的本能性选择，不仅能够决定金融机构的发展方向，还能对一个国家或地区产业结构的调整和优化产生影响。在新兴产业中的特色农业视角下，金融产业不但能为特色农业发展提供资金保障，还能在支持特色农业发展的同时获得自身的发展；特色农业发展需要金融产业支持，并通过特色农业的效率提升为金融产业提供利润。特色农业有完整的产业链和一定的产业基础，能够有效配置市场资源，并有一定的地域资源的先天优势。从金融产业选择角度来看，特色农业产业已具备与金融产业合作和协调发展的基本特质。

最后，特色农业产业发展的金融支持路径选择。通过对美国、日本、法国等发达国家的案例加以研究，总结出金融支持农业产业发展的三种模式：第一种是政策性金融支持。其特点是政府出台相关政策法规，指定政策性金融机构发放利息很低甚至免息且期限较长的贷款，这种模式在发达国家农业从分散化向产业集群模式发展过程中发挥了巨大作用。第二种是合作金融支持。其特点是自下而上地成立基层合作组织，包括基层资金互助社、地区合作组织和中央合作组织，城乡发展的不均衡性导致合作金融在竞争过程中处于不利地位，因此政府以不同形式给予政策上的支持。合作金融能够结合农业产业发展特点给予特色农业一定金融支持，受到了广泛认可和推广。第三种是商业性金融支持。其特点是具有很强风险抵御能力的商业金融机构对农业产业盈利较好的主体提供金融支持。实践表明，政策性金融容易受到政策影响，存在支持对象和范围的限制，合作金融更多地支持农业产业的第一个环节，而对农产品加工甚至更高层次的农业产业支持不足，商业性金融支持主要是在农业产业化发展到集群效应比较明显的时候才能发挥更多的作用。贫困地区特色农业产业与发达地区比较，面临的困境是产业规模小，产业链短，但是有突出的后发优势，所以在特色农业产业发展过程中政府要大力争取政策性金融支持，出台相关政策鼓励合作金融支持，通过贴息等形式激励商业性金融机构加入支持特色农业产业体系，形成多层系的金融支持体系。

四、讨论与展望

党的十八大以来，我国扶贫工作取得了举世瞩目的成就，电商扶贫的“陇南模式”也得到广泛认可和推广，金融机构在参与扶贫工作的过程中，有了金融活水的浇灌、金融基础服务的保障，全市电商扶贫快速推进，探索出了网店带贫、产业带贫、创业带贫、就业带贫、入股带贫五种精准脱贫模式，提升了减贫成效，探索出了“造血”式扶贫路子，有效地探索出了一条适合陇南农村电商发展的普惠金融之路，为普惠金融在中国的实践做了一些有益补充，为其他地区开展普惠金融提供了可借鉴的经验。

党的二十大报告明确指出，全面建设社会主义现代化国家，最艰巨最繁重的任务依然在农村。农村普惠金融的高质量发展是农村高质量发展的重要因素禀赋。随着乡村振兴战略的深入推进，农村产业发展对于金融要素的需求也会发生变化，我们要思考的是农村普惠金融实现高质量发展的路径。

农村普惠金融实现高质量发展应该从数字、协调、绿色等方面开展探索。农村普惠金融要积极融合数字技术，让农户和小微企业获得更多的、更有效的金融产品和金融服务。首先，要利用数字普惠金融技术为农村新型经营主体带来更多的信息，进一步降低产业发展的信息壁垒，打通农村产业发展的“最后一公里”。其次，促进金融业在农村的健康发展的同时，还要促进农业产业的高质量发展。一方面要加强产融合作，构建新型产融关系，降低金融风险；另一方面要继续下沉服务，进一步改善创新，从理念上改变农户和小微企业的信用观念，构建和谐的信用生态环境。最后，积极发展绿色金融业务，走绿色发展道路，开发更多的绿色金融产品等。

【参考阅读】

打好金融组合拳　开创电商扶贫新模式

陇南地处甘陕川三省交界的秦巴山集中连片特困地区，是甘肃省乃至全国脱贫攻坚的主战场之一，区域生态优美，农特产品丰富，山高沟深、信息闭塞、农业特色产品丰富但难以转化为收入，存在"富裕的贫困"现象，严重制约脱贫攻坚任务的完成。人民银行陇南市中心支行积极探索出了金融支持电商扶贫的新模式，走出了一条金融支持电商发展带动农户增收增智和产业发展共赢的金融扶贫之路，实现了陇南电商扶贫由先行试点到全国示范的成功跨越。陇南市电商扶贫被评为全国产业扶贫十大机制创新典型案例，荣获2018年中国智慧"三农"大会特别大奖。

（一）加强政策推动

人民银行省市联动，制订金融支持电商扶贫专项行动计划，对电商扶贫金融服务工作进行了全方位的规划。人民银行兰州中心支行出台《陇南市金融支持电子商务发展的意见》，强化政策引导；人民银行陇南市中心支行配套制定实施方案，并从信贷支持、电商征信体系建设、优化电商支付服务和电商监测评估体系四个方面制定专项工作方案。按照"一对一""一对多"的原则，督导金融机构与电商企业建立"金融扶贫主办行"示范点，与电商企业签订合作备忘录，主办银行帮助企业规范财务管理，为企业量身定制综合性金融扶持方案，适当降低信贷准入门槛，并给予企业一定的利率优惠，推动金融机构联动，整合金融资源，支持了电商扶贫。

（二）疏通融资渠道

人民银行陇南市中心支行督导金融机构积极探索多渠道、多方式融资模式。一是加快电商信贷产品的研发推广。金融机构将各类信贷产品与支持电子商务发展相结合，在用足用活网上银行支付功能、网上信贷产品服务功能的基础上，研发推广适合陇南电子商务客户发展的信贷产品。二是解决电商抵押担保难题。陇南市金融机构探索出“电商产业链企业+资金池担保”“电商+协会+农户”“电商协会+会员联贷联保”、农村“两权”抵押等组合抵押担保模式。三是扩展银行扶贫措施。各银行充分利用本行的网络交易平台，重塑金融服务流程，支持电商企业入驻各银行平台，为消费者和贫困户搭建农产品输送平台。截至2018年底，全市银行电商平台共入驻电商企业199家，累计金额交易额达8.03亿元。

（三）完善三个保障

建立综合保险保障。协调保险公司根据电商经营各环节研发专属保险产品，发挥农业保险对电商扶贫的保障作用。建立信用评价保障。探索开展电商信用评价，制定了《陇南市电子商务信用评价指标体系》，针对自营型和平台型网站制定双套电商信用评价指标。通过电子商务信用体系建设示范工程搭建起各部门之间的信息共享平台，发挥信用机制对电子商务产业的优化作用，推进中小电商企业和农村信用体系建设。截至2018年底，为5202户企业建立信用档案，推动金融机构向458户企业进行融资支持，金额达到21.03亿元；累计为57.5万户农户建立了信用档案，39.3万户农户得到了信贷支持，金额达到了148.1亿元。建立支付保障。陇南市金融机构大力推介网上支付、移动支付等新型支付业务。在中小电商中推广“非接触支付工具（云闪付、扫码支付等）+电商”非现金支付模式，助推陇南市电商发展取得新突破。截至2018年底，助农取款服务点覆盖64%的行政村，服务半径辐射90%的行政村。全市网上支付用户111.9万户，交易2364万笔、交易金额为1369.66亿元；移动支付用户135.9万户，交易1869万笔、交易金额为733.33亿元。

资料来源：中国人民银行网站，2019年4月4日。

案例 7

金融赋能康县美丽乡村建设结硕果

康县在推进美丽乡村建设过程中，区域内金融机构积极下沉金融服务、创新金融产品和服务、大力发展绿色金融，提高了金融资源的可获得性和便利性，促使贷款数量快速增长、利率进一步降低和贷款结构更优化、更精准，为美丽乡村建设注入了金融力量，成为美丽乡村建设的重要保障。

陇南市康县位于秦岭南侧陇山之中，自然风光独特，气候宜人，物产丰富，被称为“中国有机茶之乡”“中国核桃之乡”“中国黑木耳之乡”“中国食用菌之乡”，名优特产有龙神茶、核桃、以康县黑木耳为代表的食用菌等。党的十八大以来，康县结合地区要素优势，把习近平总书记“绿水青山就是金山银山”的重要论述贯穿推动高质量发展的每个环节，认真学习浙江省“千村示范、万村整治”成功经验，把建设美丽乡村作为增进农民群众福祉的重要举措，作为脱贫攻坚和乡村振兴的重要载体，在全域建成生态环境优美、村容村貌整洁、基础设施完善、公共服务健全、产业特色鲜明、群众生活富裕、乡土文化繁荣、乡风文明和谐、充满发展活力的美丽乡村。

一、美丽乡村建设的基本情况

康县共有 21 个乡镇、350 个行政村、1642 个自然村，5 万多农户，但是 80% 以上的村民分散居住在半山腰、峡谷、河道边以及森林附近地区。康县曾是甘肃省 43 个国家扶贫开发工作重点县和 58 个连片特困县，2013 年底贫困发生率高达 37.04%。“晴天一身土，雨天一身泥，屋旁臭水沟，垃圾满地堆”曾是当地农村人居环境的真实写照。

康县县委县政府团结各族群众一道，决心要把贫困的帽子摘掉，把乡村建设成和自然生态环境相适宜的乡村，要把康县的“绿水青山”变成“金山银山”。岸门镇朱家沟村的朱彦杰就是其中的一位代表，2006 年，他结束了在外漂泊十年的风霜带着乡愁回到了朱家沟村，开始带领村民响应国家号召开展创业，利用自己的优势开了一家名叫“仁和居”的农家乐，凭借自己在外见过的“世面”和朴实的经营理念把农家乐经营得红红火火。

2016 年，康县县委决定，把朱家沟村列为乡村旅游示范村进行建设，并召开了启动大会，可是一个多月过去了，在开展基础设施改造的过程中，村民还是抵触心理很强，不愿意拆迁。朱彦杰看在眼里，急在心里，彻夜难眠，经过反复的思想斗争，他还是走进镇政府，和干部们讨论村民的顾虑，寻找存在的“堵点”。随后，朱彦杰一家一家地走访，挨家挨户地做工作，打消村民的顾虑，经过3个月的努力，乡村旅游示范村建设终于走上了“轨道”。朱彦杰在为扩大生产资金来源发愁的时候，辖区内的金融机构主动上门提供金融支持。2019年朱彦杰投资500万元，打造五福临门精品民宿，以传统古村朱家沟3A级景区为自然资源，为游客提供娱乐、餐饮、住宿、民俗观光等服务，真正做到了将康县绿水青山的优势，化作“金山银山”的经济效益，拉动地方的经济，提升村民的收入。康县金融机构累计向仁和居乡村旅游度假有限公司发放贷款600多万元。

如今的朱家沟变成了美丽乡村的样板村，2020年游客超过了110万人次，人居环境改善了，村民收入增加了，不用去外地打工，也一样有高收入，五福临门民宿给村集体每年分红4万多元，给48户贫困户分红4.2万元，外地姑娘嫁过来了，外国友人也来了，成为名副其实的美丽乡村。

其实，这只是康县建设美丽乡村的一个缩影。现在康县实现了350个行政村、1642个自然村美丽乡村全覆盖；2个镇的16个村被评为中国最美村镇，先后荣获2019年全国村庄清洁行动先进县等20多项国家级和省级荣誉。2020年12月，甘肃省政府、农业农村部、世界旅游联盟、法国“一带一路”美丽乡村联盟联合在康县成功举办了“一带一路”美丽乡村论坛，康县的美丽乡村建设把幸福绣在了大山上、河道里，更绣在了老百姓的心里。

在建设美丽乡村的过程中，仅依靠财政资金是远远不够的，还需要中国农业银行、信用合作社等当地机构，积极发挥金融赋能作用，为美丽乡村建设贡献金融力量，以取得积极的成效。

二、金融赋能康县“美丽乡村”建设的做法

（一）政策引导先行

康县出台的《绿色金融支持康县旅游产业发展意见》引导金融机构支持旅游业，加快了相关产业的发展。紧紧围绕国家普惠金融政策，各个金融机构以康县发展乡村旅游和美丽乡村建设为切入点，推出了一系列惠农产品，助力乡村经济发展。

（二）积极下沉金融服务

辖区内金融机构大力发展农村普惠金融服务，不断拓展服务广度和深度。积极落实中央“把普惠金融发展重点放在乡村”的要求，进一步下沉服务重心，增加农村普惠金融服务供给，推动普惠金融服务惠及农民群众。加大农户金融支持力度，支持康县特色农产品产业，乡村旅游等新型经营主体的信贷服务，为农民增收致富提供全面金融支持。

（三）开展金融产品创新

针对县域特色农业及旅游业的规模、特征与发展规律，商业银行创新符合特色农业生产周期与旅游业特点的信贷产品，满足中药材种植户、特种水产养殖户、农家乐经营者等经营主体的金融需求，

支持形成经济林产业开发体系、食用菌开发体系和中药材开发体系。农行康县支行创新推出了“农家乐”；工行康县支行推出了“网贷通”；甘肃银行康县支行推出了“药贷通”。这些信贷产品，拓宽了旅游企业融资渠道，助推休闲旅游产业做大做强。模式创新上，金融机构积极探索农村产权改革，加强在农村资产经营权、收益权、承租权等方面的抵质押方式创新，增强金融支持乡村建设的风险防控能力。农业银行康县支行建立了“银行＋村（企）＋农户及银行＋担保＋农户”金融支持模式，康县农商行建立了“政府＋银行＋企业＋农户＋保险”的金融支持模式。

（四）大力发展绿色金融

康县加大支持旅游产业发展力度，对旅游景区景点、旅游服务设施、旅游相关产业实施全面支持。一方面加大对重点旅游项目建设的绿色信贷支持，另一方面以休闲农业龙头企业为抓手，结合美丽乡村建设，发展以休闲、养生、度假为主题，集农业观光、农家餐饮、民俗活动于一体的乡村综合型绿色休闲养生体验度假景区。

（五）提高金融资源可获得性和便利性

一方面，调研建立白名单批量发放贷款。每年年初的工作会议均重点安排、组建专项工作组深入调查农户生产经营和资金需求。建立白名单批量发放贷款，发放时召开贷款审查委员会会议并无记名投票表决，80%以上审议委员同意后上报上级进行审批，审批人同意并签名后发放贷款，签订合同。另一方面，调研专项专款发放。根据旅游项目的风险和经营情况，通过实地调研，对符合旅游业特点的信贷产品，合理确定贷款利率、期限和还款方式，简化审批手续，专项发放，确保符合条件的项目承贷人等获得方便、快捷的信贷支持服务。

三、金融赋能美丽乡村取得的成效

（一）贷款金额持续增长

辖区内金融机构认真履行社会责任，坚持“区别对待、有扶有控”的信贷原则，以农户小额信用贷款为依托，积极配合政府规划，加大对民间宿屋、农家客栈、农家乐、土特产营销店等的资金支持，全力支持美丽乡村建设。2020年9月末，金融支持美丽乡村贷款余额15.79亿元，是2011年的9.5倍，年均增长94%。2011年至今，辖区支持美丽乡村建设累计投入信贷资金97.75亿元，金融机构资金投入是财政投入资金的近5倍。

（二）贷款结构合理优化

美丽乡村贷款始终兼顾对农户、个体工商户、小微型农村企业和乡村产业的信贷支持，以小额信用贷款、特色产业贷款、政策性专项贷款等为突破口，不断加强和增进对美丽乡村的深度支持。截至2020年9月末，辖区支持美丽乡村贷款中农户贷款9.98亿元，占比63.02%。

（三）贷款利率持续下降

康县金融机构在支持美丽乡村建设中，始终践行金融为民理念，扎实推进利率市场化改革，促进信贷资金成本稳步下降，切实减轻老百姓负担，促进乡村发展。2020 年农户贷款平均利率为 6.11%，相比 2011 年，下降 1.22 个百分点。

（四）经济社会效果明显

康县金融支持美丽乡村建设涉及全辖区所有行政村，信贷资金在美丽乡村建设中起到有益作用，有力地补充了财政资金不足，在促进乡村搞活经济，培育发展农村经济主体，提高农民收入，提升农村群众的生活质量和幸福指数方面，取得明显的经济效益和社会效益。目前，农户贷款占农业总产值的 243%，贷款质量相对较好。

四、金融赋能康县“美丽乡村”建设的启示

（一）党建引领是关键

银行、行政村深入推进组织建设。一是金融机构党建引领有力，组织建设坚强有力，战斗堡垒作用发挥较好，确保了能打硬仗、打胜仗。二是行政村党建工作脱虚向实成果明显。三是以党的事业为依托，实现了多方合力以及党的建设与业务发展融合。金融机构认真贯彻党中央国务院、省委省政府和康县县委、县政府关于支农及美丽乡村建设的方针政策。始终坚持以服务“三农”为经营宗旨，全面贯彻落实各项惠农方针政策，积极推进县域经济结构调整，加大对农村地区业务的发展，全面促进农民增收，支持农村环境改善。

（二）创新开拓是根本

金融机构加大经营创新，积极开展业务下沉成为金融赋能的根本。辖区内商业银行积极开发“兴陇合作贷”“富民产业贷”“特色产业贷”“乡村旅游贷”等适宜康县实际的信贷产品，对符合贷款条件的企业，简化审贷手续、降低授信门槛，实行优先调查、优先审查和优先审批政策，提高办贷效率，并采取“信贷产品＋企业带动”的方式，协助贷款企业营销产品，走出困境。积极探索新路，金融机构充分运用新思维开展信贷支持活动，将“来人求贷”变为“上门送贷”，切实从供给侧提供发展新思路，变服务对象为平等的合作者，利用科技手段探索挖掘潜在客户，坚持与时俱进，保证了信贷支持长期有效、有用、有量、有度。

（三）聚焦产业是重点

发挥产业带动优势，支持优势产业做大做强。康县辖区内商业银行机构严格资金使用程序，加强资金监管，保证把资金用在刀刃上，充分发挥信贷资金的最大效益，支持比较有优势的产业做大做强，将农、林、医、特发展到一定规模。目前，产值过亿元的产业包括中药材、核桃、食用菌、天麻（药用菌），产值分别为3.04亿元、2.64亿元、2亿元、1.65亿元。发挥名人优势，支持产业带头人发挥作用。通过建设美丽乡村考察试点，以“点”带“面”，大力扶持特色产业带头人、种养大户、专业合作社、涉农小微企业、乡村旅游开发企业等新型农业经济体发展，通过给予信贷方面的大力支持，做到了精准发力，引导致富。

（四）普惠服务是内涵

康县金融机构始终服务广大乡村群众。康县金融机构始终坚持认清县情，以服务“三农”为经营主旨，以服务广大农户为宗旨，深入推进金融服务的普惠性，在支持脱贫攻坚和美丽乡村建设的同时，发挥农村金融的本质，真正成为农村金融的主力军和联系农民群众的金融纽带。康县金融机构加大在乡村的服务布局，全县开设助农取款服务点 321 个，投放自动取款机 57 个，发力打通金融服务“最后一公里”，延伸金融服务的长度，确保应支持尽支持，发挥支持最大效应。

五、讨论与展望

金融赋能美丽乡村建设取得了一系列的成果，但是随着美丽乡村建设的深化，金融需求和金融供给之间也出现了不匹配的情况，例如，个体经营农户开始逐步向小微企业转型，随之出现现代公司治理结构不完善、财务制度不健全等问题，为银行机构继续开展金融支持带来了一定的困难。

今后在金融赋能美丽乡村建设过程中，要以省委提出的“强县域”行动为出发点，积极提升产业活力，构建良好信用生态环境，从培育壮大乡村产业入手，着力发展差异化市场，造就美丽乡村鲜明的产业特色。争取在制药、特色食品、旅游等行业发展上取得突破。发展新型农村业态，实施第一、第二、第三产业融合发展，培育大量优质小微企业、个体经营者、新型经营者等各类适宜当地的市场主体，带动乡村私营经济蓬勃发展。在支持现有小微企业的基础上实现整合抱团，构建与美丽乡村品牌相融合的企业集团，发挥集团军优势，提升市场竞争力，实现组织带动、模式带动，推动美丽乡村跨越发展。

2022 年《中共中央　国务院关于做好 2022 年全面推进乡村振兴重点工作的意见》的发布，以及国家对绿色金融和普惠金融的有序推进，使美丽乡村建设的金融赋能又迎来了新的历史机遇。如何结合康县的良好生态资源，将绿色金融工具和交易方式，包括碳汇交易等引入美丽乡村建设中，打造“碳金融 + 美丽乡村建设 + 产业”的新模式，值得我们思考。

【参考阅读】

康县：绿色金融助推生态旅游特色产业发展

近年来，康县抓住灾后重建的重大机遇，以“绿色金融”为载体，把生态旅游特色产业开发作为实施“特色立县”的战略重点。人行康县支行引导辖内金融机构通过开展绿色信贷产品与服务创新，积极构建“扶贫资金 + 金融 + 智力扶贫 + 贫困户”四位一体的造血扶贫模式，探索实践出一条贫困山区生态脱贫之路。2015 年，康县王坝镇大水沟村和阳坝镇获得“寻梦中国最美村镇”产业富裕奖、文化遗产奖。2016年，康县长坝镇花桥村、城关镇凤凰谷村分别荣获“中国最美村镇”生态奖和人文奖。

一、具体做法

加强“窗口指导”，引导绿色金融支持旅游产业。人行康县支行积极引导各金融机构积极创新绿色信贷产品，优化金融服务，为乡村旅游提供资金支持。农行康县支行创新推出了“农家乐”；工行康县支行推出了“网贷通”；甘肃银行康县支行推出了“药贷通”。这些信贷产品，拓宽了旅游企业融资渠道，助推休闲旅游产业做大做强。

发展特色农业，加大绿色信贷支持力度。针对县域特色农业及旅游业的规模、特征与发展规律，银行确定符合特色农业生产周期与旅游业特点的信贷产品，满足中药材种植户、特种水产养殖户、农家乐经营者等经营主体的金融需求，支持形成经济林产业开发体系、食用菌开发体系和中药材开发体系。

融合旅游产业，扩大绿色金融服务覆盖范围。康县加大绿色金融支持旅游产业发展力度，对旅游景区景点、旅游服务设施、旅游相关产业实施全面支持。一方面加大对重点旅游项目建设的绿色信贷支持，另一方面以休闲农业龙头企业为抓手，结合美丽乡村建设，发展以休闲、养生、度假为主题，集农业观光、农家餐饮、民俗活动于一体的乡村综合型绿色休闲养生体验度假景区。

二、取得效果

依托绿色金融支持，康县已建成特色鲜明、功能齐全的美丽乡村，惠及贫困户10909户，占贫困户总数的87%。康县脱贫攻坚突破交通、品牌、基础设施、服务等瓶颈，实现了产业转型升级。

（一）电子商务异军突起

建立县、乡、村三级电商扶贫服务体系，建成1个县级电商扶贫服务中心、21个乡镇电商扶贫服务站、69个村级电商扶贫服务点和5个网货供应平台，发展电商企业38家、物流快递20家，开办网店1180家（贫困村231家），带动6306户23364名贫困群众持续稳定增收。

（二）特色产业结硕果

“整县核桃、南茶北椒，区域优势、做精做优”的目标初步实现，三大主导产业、四大区域产业和四大地方产品的格局渐渐成型，核桃、蚕桑、茶叶、中药材，养猪、养羊、养鸡、养蜂、特种水产养殖各放异彩，以核桃、花椒、茶叶为主的特色农业产业效益大幅提升，加快了贫困群众脱贫致富的步伐。

（三）美丽乡村游助农圆了脱贫梦

长坝镇花桥村打造了集乡村养生、田园观光、休闲度假、民俗风情体验、农特产品加工销售等为一体的乡村旅游培训服务中心、集散基地和房车营地，促使260多名当地群众就地就近就业，达到了一村带一片、一片带全镇和就地城镇化的效果。该县300多家农家乐和农家客栈，间接带动3500多户从事种植和养殖，其中建档立卡贫困户2600多户，每户增收1万元以上。

三、得到启示

1. 研究制定绿色金融支持生态旅游业发展的相关政策至关重

要。康县出台的《绿色金融支持康县旅游产业发展意见》引导金融机构支持旅游业，加快了相关产业的发展。

2. 实现与当地旅游企业的信息共享十分有益。针对康县旅游业发展特点，各金融机构和有关旅游企业信息共享，在此基础上积极探索新的信贷产品和服务方式，扩大了以经营权和门票收入等开办质押贷款的业务范围。

3. 推进金融创新非常必要。正是金融机构不断创新农村金融产品和服务，才充分发挥了金融的作用，有力地支持了农业农村发展和美丽乡村建设，助推了美丽乡村生态旅游建设进程。

4. 优化信贷服务方式不可或缺。各银行业金融机构充分利用网络等技术手段缩短审批时间，提高审批效率，让旅游项目贷款进入“绿色通道”。

资料来源：甘肃日报金融观察公众号，2017年9月4日。本文有删节。

案例 8

村级扶贫互助资金项目的召藏村实践

金融支持是产业发展的血液，但是在县域中，规模较小的产业经常被“排除”在外。在财政资金有限不能全面发挥作用的情况下，召藏村依托财政资金建立村级资金互助社，探索出“扶贫互助资金担保＋农村物权反担保＋银行”的运行机制，不但发挥了财政资金“四两拨千斤”的作用，还激发出农户主体的自身“造血”能力。本案例分析该机制运行的三个阶段的特点，总结出有效控制金融风险、降低贷款管理成本、增强农户的信用意识和满足农户对贷款多样化要求的经验与启示，最后探讨了在乡村振兴战略下如何让资金互助社更好地发挥作用的方法。

产业发展是脱贫攻坚的核心，金融支持是产业发展的血液，由于抵押物不足、资金需求小、使用周期不确定等原因，传统的金融机构把一些规模相对较小的产业“排除”在外，这个时候就需要财政资金的积极扶持。但是部分西部地区财政资金短缺，因此需要激发农户自身的“造血”能力。基于此，各地积极发挥财政资金“四两拨千斤”的作用，纷纷探索资金互助模式，解决农户、合作社等小微主体的资金获取困难问题。2006年以来，陇南市开始探索村级扶贫互助资金项目，成立的村级扶贫互助社，在补齐农户资金短板方面发挥了积极作用。截至2018年末，全市共有扶贫互助资金项目2837个，互助资金规模6.23亿元，累计发展会员15.58万户，其中贫困户5.8万户，累计发放贷款3.08亿元，累计借出资金占扶贫互助资金总规模的49.44%。

召藏村位于宕昌县哈达铺镇，全村有4个社集体256户，共1196人。该村产业单一，农户主要依靠马铃薯和中药材种植以及畜牧业养殖为生，经济条件差、人均收入低、贫困人口多，成为脱贫攻坚的重点。与其他地区一样，如何解决资金短缺一直是困扰召藏村的“头等大事”，该村也在上级政府和有关单位的指导下建立村级扶贫互助资金，积极开展探索，取得了一定的成绩。虽然我国已经取得了脱贫攻坚的全面胜利，但是在乡村振兴阶段我们依然会遇到产业发展受到资金约束的情况，考察召藏村村级扶贫互助资金的运行机制，总结其经验有助于我们对不同阶段金融资源的多元化获取，也对探索中国式农村金融发展有一定的补充意义。

一、村级扶贫互助资金的初衷与设计

根据贫困村互助资金试点指导手册（试行）规定，互助资金是指以国家财政扶贫资金为基础，吸收村民一定比例的入股资金，有偿使用滚动发展。部分利息收入滚入本金，也可吸纳无任何附加条件的社会捐赠资金，在贫困村建立民有、民用、民享、民管、周转使用的生产发展资金。其目的是为农户发展种植、养殖、农副产品加工等生产性项目提供资金保障。

每一个互助资金试点村将得到中央财政资金 15 万元、地方财政资金 5 万元的支持，农户采取自愿入股的方式参与互助资金活动，最多入 3 股，每股股金 1000 元。遵循的原则：一是自愿入股和政府配股、赠股原则。对经济条件较好的贫困户，可以入股，但不配股；一般贫困户，农户入股 400 元，政府配股 600 元；绝对贫困户，农户入股 200 元，政府配股 600 元，再赠股 200 元，既保证资金不平均分摊，又不集中到少数人手中。二是股份转让和退股自愿原则。入股 2 年以上农户因特殊原因需收回入股资金，可与本村愿意扩大股权的农户协商并达成书面协议，经管委会研究同意后转股；农户自愿要求退股，只退个人入股资金和应得红利，政府配股、赠股部分不退还个人。转股和自愿退股后 2 年内不能重新入股。三是利益分配的原则。互助资金利息收入主要用于扩大资本金、红利和公积金。其中，35% 滚入本金，40% 用于分红，25% 用于公积金（主要支付管理与服务费用），农户参与分红的份额为个人所拥有的入股部分。四是公开、公示、公平、公正的原则。农户入股、政府配股、赠股以及资金投放、回收、利息分配等情况要及时公开公示，接受群众和主管部门的监督。

二、村级扶贫互助资金的使用流程

召藏村成立村级扶贫互助资金之初，通过召开村民大会、个别走访等形式，向农户详细地讲解国家政策，争取更多的农户参与到扶贫互助中来，而后根据要求成立互助协会，制定章程，还引入当地合作社，结合村中的实际情况，探索出“扶贫互助资金担保 + 农村物权反担保 + 银行”的运行机制。机制运行根据资金流动划分为前置授信、贷款发放和贷款清收三个阶段，具体做法如下：

在前置授信阶段，有需求的农户向资金互助社提出申请，村委会和互助协会根据申请作出综合研判，主要包括发展产业是否可行，用途是否明确，特别关注农户的诚信情况，确定是否授信。确定授信后，按照《会员前置授信办法》确定授信额度和发放凭证，在确定额度的同时推进“强带弱、大带小”的帮扶结对。申请和确定授信额度是一个风险识别的过程，通过帮扶结对，小农户的运营风险降低。在审查过程中，村委会和互助协会组成员都来自本村，与农户是“熟人”关系，对村民的诚信可以作出快速的判断，提高授信的评判效率，由村委会和互助协会共同决策，也可以规避“关系评判”的现象。接下来是办理反担保和出具担保证明，在该阶段农户的一切可控制的财产均可成为担保物，包括农地经营权、林权、宅基地使用权，农户房产、农机、汽车等，确定担保物后集中开展公示和乡镇监督员复核，然后发放担保登记凭证（见图1）。

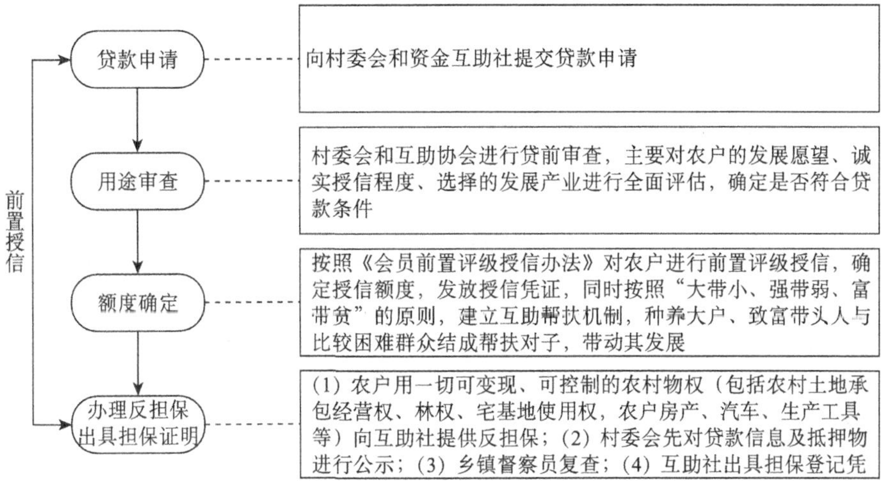

图 1　前置授信流程

在贷款发放阶段，农户凭互助社发放的授信凭证、担保登记凭证向当地信用社提出贷款申请，信用社审核后和农户签订贷款合同，发放贷款。贷款发放后，当地扶贫部门和互助社开展技能培训并协助解决产业发展过程中存在的困难和问题，为贷款的合理使用和高效使用奠定基础（见图 2）。

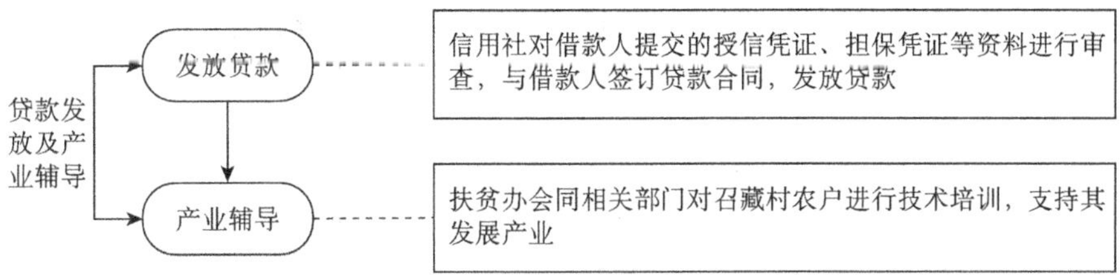

图 2　贷款发放及产业辅导流程

在贷款清收阶段，借款人根据贷款合同按时归还贷款。贷款归还逾期超过90天的，由资金互助社使用担保金偿还。进而通过互助社处置反担保物（见图3）。

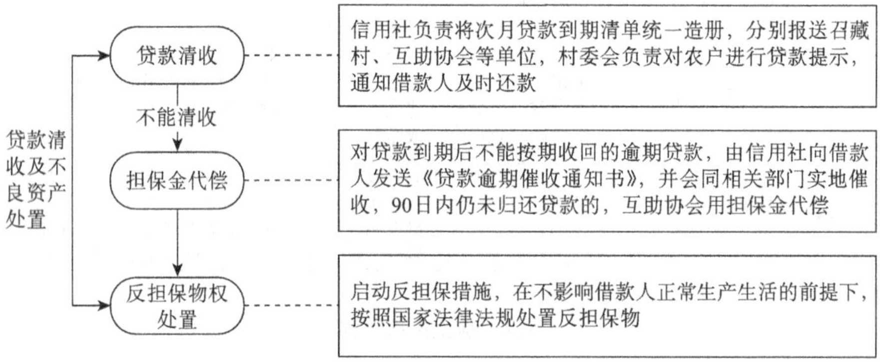

图3 贷款清收及不良资产处置流程

截至2019年7月底，召藏村共有扶贫资金128万元，信用社按照1∶10的放大比例发放贷款余额674万元，其中已通过该模式发放资金协会担保贷款余额230万元。

三、召藏村村级扶贫互助资金项目的经验与启示

（一）克服“担保困境”是项目可持续的前提

金融机构不愿意参与农户贷款的核心是风险不可控，而控制风险需要“硬性担保”和“软性担保”，我们所说的硬性担保就是要具备还款能力，软性担保就是要解决还款意愿。

在实务中，通过设置担保物和贷前审查来保证还款意愿和还款能力的统一，还要保证按照贷款合同的约定使用贷款。在召藏村的实践中，首先通过村委会和互助协会的共同审核来解决软性担保的痛点。由于和农户是熟人关系，对于申请贷款的农户为人、诚信等情况了如指掌，能把影响还款意愿的因素快速筛选出来，把不符合贷款的申请人排除在外。其次，为了避免“关系审核”出现，村委会和互助协会是相互审核，实际上是类似商业银行的审贷委员会，这也有力地保证了授信审核的公允性。最后，乡镇审核员的再次审核和担保物公示，让整个贷款审核处在透明环境中，特别是担保物公示环节，不但能接受其他农户监督，还能够产生“广告效应”，农户再次申请贷款时可以判断自己的贷款条件是否符合前置审查条件。以上三个方面都是授信审查的前期阶段克服金融风险的主要手段，看似复杂，实际上比当地信用社直接审核更具科学性和可操作性。一方面，信用社人力资源有限，不能开展如此详细的尽职调查，另一方面，尽职调查的内容较多，信用社的效率没有互助协会效率高。

硬性担保实际上是互助协会成为商业银行的担保机构，用农户的资产作反担保，这样做的目的是解决农户因担保物不足而不能在商业银行获得贷款的困难。农户在村委会和互助协会的协调下拿出的农村土地经营权和使用权以及自建房屋等实际上在本村是可以流动的，甚至是可以变现的。因此这些担保物就产生了价值，在贷款逾期后，互助协会也会有可控制的担保物偿还逾期贷款。另外，互助资金还设置贷款偿还保证金，也能够有效地预防风险。

（二）降低贷款管理成本是调动农户积极参与的关键

贷款发放给农户后，由于农户分布广泛，信用社人员有限，无法将贷款管理做到面面俱到。因此，由信用社指导，村委会和互助协会共同直接管理，就能实时掌握贷款的使用情况，一旦发现贷款使用偏离可以快速纠正。另外，通过技能培训和结对帮扶还能提高贷款使用的合理性、科学性和精准性。

（三）农户的信用意识提高是信贷安全的保证

通过设立扶贫担保基金，撬动银行信贷投放的模式，以较小的扶贫资金取得最大的帮扶效果，使过去一次性的“输血式”扶贫转变为可持续的“造血式”扶贫。同时，通过信贷资金扶贫，可以有效地帮助贫困户克服长期养成的“等、靠、要”的依赖思想，树立良好的诚信观念和现代经济及商品经营意识，着重培育贫困户自身的“造血”能力。在开展贷款过程中，通过担保物设置和层层审核机制，也有效地建立起良好的信用氛围，通过宣传、贷款实践、培训等也让农户了解了现代金融的运行情况，培养农户良好的信用意识。

（四）满足贷款需求多样化是提质增效的基础

随着乡村振兴的开展，农村经济结构呈现出特色化和多样化的特点。而农村金融机构的特色农业贷款极少，贷款结构的单一性，与农业产业的特色化、多样化相悖。召藏村小额信贷把资金投向了具有鲜明特色的种植业和养殖业，帮助农民发展了特色化、多样化的致富项目，在一定程度上满足了农户多元化的贷款需求，提高了信贷扶贫的针对性和有效性。

四、乡村振兴战略下农村资金互助社发展的思考

扶贫资金互助项目为脱贫攻坚取得全面胜利作出了积极贡献，在实践过程中，总结出很多值得借鉴的经验，因此在乡村振兴战略下，资金互助社如何更好地服务乡村振兴战略值得思考。

一是熟人社会的低交易成本效应。从资金支持的角度来看，乡村振兴较之前的脱贫攻坚需要有所变化，之前建立起来的乡村产业已经趋于稳定，各个乡村都涌现出一批有特色的产业，商业银行也积极开展产品和服务创新，但是资金互助社是建立在熟人网中的一种金融资源获得形式，省去了很多程序。由于是利用熟人网络建立的一种机制，产业发展推动还本付息速度加快，形成良性的闭环，进而继续推动农户收入增加。但是，随着乡村振兴战略的推进，产业对资金的需求也发生结构性的变化，这也就需要资金互助社根据需求的新变化，对自身进行改造，比如扩大资金规模、引导专业人士加入，提供内容多元的服务等。各个地区要根据实际发展需要建立中国式农村资金互助社，激活农村资金互助社的内生动力，把信息对称、服务下沉、手续便捷等先天优势进一步发挥，为乡村产业振兴发挥更大的作用。

二是互助资金增强了农户抗风险能力。从互助的角度来看，脱贫攻坚阶段，资金互助社主要聚焦点是支持产业发展，并克服担保物不足、金融资源获得困难等问题，而随着脱贫攻坚的胜利，在乡

村振兴过程中更需要体现出互助的角色，巩固脱贫攻坚的成果，防止发生各种形式的返贫，发挥经济互助的角色。可以探索在养老保障互助，教育培训提升互助及医疗保障互助等领域相继发挥积极的作用。比如养老资金互助，可以把农村留守老人所有的土地经营权等由资金互助社统一作价，由合作社统一管理，再向老人分红，增加老人收入；医疗保障互助，可以通过互助社构建医疗互助基金，实现农村医保覆盖之外的二次报销，形成精准合力，提高农户的抗风险能力；资金互助社还可以在乡村开展教育培训和技能提升培训，提升乡村人才的综合素质。

三是互助资金运行情况喜忧参半。在具体的实践中，农村资金互助社也存在一些困境，特别是在甘肃这样的欠发达地区，主要表现在：首先是法律地位不明确导致发展活力下降，地方政府的支持让资金互助社快速发展，但是随着互助社的规模扩大，就需要监管部门的管理和约束，虽然监管部门出台了有关监管条例，但是具体操作细则不够明确，会降低资金互助社的活力。各个市州一级政府应该依照监管层面的政策精神出台一系列适宜本地实际情况的政策，保持资金合作社的活力。其次是资金来源渠道不够多元导致资金链抗风险能力较弱，资金互助社建立之初是由财政资金推进，后续如果没有其他渠道的资金补充，很难持续发展。最后是与其他机构的合作深度不够导致互助优势发挥有限，由于受到传统观念影响和监管政策的限制，资金互助社不能发挥更多的功能，业务发展局限性很强，金融杠杆的功能发挥不够。由于运行体系等问题，资金互助社与政策性银行、商业银行、保险公司等缺乏深度合作，还是处在单兵作战的状态，系统互助的优势没有很好地发挥。如果资金互助社能够在商业银行的指导下开展贷款管理，也可以在保险公司的指导下开展与政策性保险有关的服务，这将进一步降低管理成本等。

召藏村村级扶贫互助资金项目只是甘肃众多农村资金互助社的一个缩影，虽然取得了一些成绩，但是随着外部环境的变化，需要从自身发展思考，积极进行改革，进一步适应乡村振兴发展的新形势和新需求，成为产业兴旺、生态宜居、乡风文明、治理有效和生活富裕的“助推器”。

【参考阅读】

普惠金融为脱贫注入“源头活水”
——扶贫资金互助社：“小钱”汇聚发挥“大作用”

在礼县永坪镇九图村扶贫资金互助社办公室里，会计王平翻开账本，一笔笔钱是什么时间发放的，谁家已经还了，谁家刚刚借走，村民是用来养羊还是养猪，他都记得清清楚楚。

互助资金是在贫困村建立的民有、民用、民营、民管、民享、周转使用、滚动发展的生产资金，能有效解决贫困农户的“小额贷款”难题，被贫困山村群众称为“土银行”。

为撬动更多的金融资金，按照精准扶贫的要求，2013 年开始，陇南市创新工作机制，对礼县永坪镇九图村、徽县大河店乡文池等14个贫困村进行试点，采用扶贫资金互助社、村委会和信用社共同参与的“互助资金担保+‘农村产权’反担保”模式，启动村级扶贫互助资金金融改革试点，信用社以1:10的放大倍数向贫困户或专业合作社贷款。

“我准备扩大养殖规模时，资金周转遇到了困难，互助社借给我1万元，不仅解决了我的燃眉之急，而且坚定了我创业致富的信心。”九图村搞獭兔养殖的村民赵佰成深有感触地说。

康县长坝镇花桥村探索出“互助资金+合作社+贫困户”的模式，由村支部做担保，合作社与贫困户、互助社签订协议，贫困户以互助资金入股获取分红，既解决了贫困户缺少发展项目的问题，又解决了合作社发展缺少资金的问题。

截至目前，陇南市贫困村互助资金项目村已发展到3127个，1365个建档立卡贫困村实现了全覆盖，互助资金总规模达到6.8亿元，累计发放借款1.49亿元。

资料来源：周者军：甘肃日报，2017年10月11日。

案例 9

小额联保贷款的金桥村镇银行实践

陇南市武都金桥村镇银行，结合武都区特色产业发展现状和农户金融需求实际，探索出“村级推荐委员会＋农户联保小组”和“乡镇惠农金融服务组＋农户联保小组模式”两种运作模式，起到了支持“三农”的良好效果。本案例在分析小额联保贷款的运行机制，以及总结金桥村镇银行开展联保贷款的实践经验的基础上，提出了一系列发展建议。

一、金桥树镇银行小额联保贷款的由来

自 2006 年我国开展村镇银行等新型金融机构改革以来，村镇银行在服务小微企业、服务“三农”和增加县域金融供给方面积极作出探索。如果大型商业银行是金融机构的“主动脉”，那么村镇银行等中小金融机构就是金融机构的“毛细血管”，起着重要的联结作

用，促进实体微循环。2007年7月20日，陇南市武都金桥村镇银行挂牌成立。金桥村镇银行以兰州市商业银行股份有限公司和武都区信用联社两家银行为主，由当地3家非金融机构企业法人和10户自然人共同发起，注册资金800万元。该行一直把亲农、扶农、帮农、惠农、建设“农民银行”作为建行宗旨，市场定位为“立足地方、服务村镇、坚持微小、发展经济”。

2014年，武都金桥村镇银行围绕武都区“三农”工作的重点，探索金融服务“三农”新模式，以解决涉农贷款贵、贷款难的现实困难，打通金融服务农村“最后一公里”。为此，金桥村镇银行以农户、村民自治为依托，构建的村级推荐委员会和乡镇普惠金融服务组，创新推出联保贷款，有效解决了农业经营主体融资难、融资贵以及银行涉农信贷风险大的问题，是服务实体经济的有益尝试。

二、农户联保贷款的运行机制

1994年，我国农村地区开始引入联保贷款模式。进入2000年以后，中国人民银行和原银保监会于2000年和2004年先后出台《农村信用合作社农户联保贷款管理指导意见》和《农村信用合作社农户联保贷款指引》，在《农村信用合作社农户联保贷款指引》中明确，“农户联保贷款是指社区居民依照本指引组成联保小组，贷款人对联保小组成员发放的，并由联保小组成员相互承担连带保证责任的贷款。”

农户联保贷款借助中国特有的人情、亲缘关系克服农户担保物不足的问题，借款人参加互助小组，小组成员互相担保、责任连带，获得信贷机构的贷款，缓解了农户借贷难的问题。

农户联保贷款运行机制包括四个方面：一是小组成员自动筛选机制；二是小组成员相互监督机制；三是还款共同责任机制；四是小组成员共赢机制。

小组成员自动筛选机制的前提是有贷款需求的农户要选择加入不含直系亲属的联保小组，由于是在同村生活，参加联保小组的成员之间比较熟悉，有效地减少了信息不对称。因为要担负连带责任，参加联保小组的过程实际上也是“信用”选择的过程，联保小组组建时就把平时信用状况差的农户排除在外，极大地克服了信息不对称造成的逆向选择，降低了金融机构开展信贷尽职调查的成本，贷款也会更有针对性，真正发挥小额信贷帮助信誉较好的农户发展特色产业的作用。

小组成员相互监督机制在贷款发放前、使用中和还款阶段均发挥作用。联保小组成员会有来自连带责任的压力和联保小组机制设置的双重约束，从贷款申请之初，联保小组会对项目开展研判分析，找出项目优势，分析项目劣势，这样的谨慎态度，可将一些不好的项目排除在信贷支持的范围之外。在贷款使用的阶段，小组成员对贷款使用过程和项目进度进行关注和监督，有小组成员发现问题在组内进行提醒和纠正，还会第一时间向贷款发放机构反映，把风险消灭在萌芽阶段。这样的机制便于及时发现问题、及时处理问题，降低了贷款调查和跟踪管理的监督成本。有助于降低借款人的道德风险，防止“劣币驱逐良币”现象的发生。贷款进入还款阶段，也会受到小组成员内部的督促，使其能够按照还款计划顺利完成还款。

还款共同责任机制主要是来自共同还款的压力。联保小组成员获得信贷资金后的选择是还款或者违约，有以下几种情况：

第一种情况是联保小组成员均按照贷款协议按时还款，良好的信用记录会让联保小组成员均获得好信誉，后续申请贷款会更加便利。

第二种情况是联保小组成员均违约，甚至有可能“串谋”违约，贷款机构会将所有成员排除到贷款白名单之外，后续申请贷款变得困难，贷款成本增加，甚至会出现不能再获得贷款的风险。

第三种情况是个别联保小组成员违约，其他有能力还款的成员接受连带责任，为了后续能够获得贷款，帮助其还款，违约成员获得“坏名声”，被联保小组开除，甚至其他联保小组也不会接纳违约成员，联保机制受到冲击，信贷可持续性减弱。

第四种情况是联保小组成员个别违约，但是其他成员或因为没有能力或因为不愿意帮助其还款，导致信贷机构认为联保小组集体违约，联保小组其他成员也遭受信贷机构连带责任的惩罚，邻里关系恶化，联保小组机制彻底失效，贷款成本上升，贷款可获得性大打折扣。

通过以上四种情况的分析，联保小组成员的利益捆绑共生，就是团体担保、互相监督、责任连带，这样的制度设计使每个成员都有还款压力，最优的选择是采取一致行动按时还款，农户个体利益、联保小组集体利益和贷款机构利益均能实现利益最大化，提高了资金使用效率，贷款成本也进一步下降，有利于贷款的滚动发放，保证了小额信贷的可持续性。

小组成员共赢机制能够帮助成员提升技能和增加收入。连带责任的制度设计，会促使联保小组成员在项目选择、项目运行过程中相互帮助和交流经验，对项目的正常运行有正向作用。信贷机构也会积极向农户开展技术培训和项目交流活动，引导农户学习经营经验和金融知识，促进农户转变经营思维，对营造良好信用环境有所帮助。联保贷款制度将信贷支持、金融知识宣传和技术指导相结合，使农户能得到真正的长远实惠，同时也降低了信贷机构的还款风险。

三、金桥村镇银行联保贷款主要做法

金桥村镇银行新型联保贷款主要有“村级推荐委员会 + 农户联保小组”和“乡镇惠农金融服务组 + 农户联保小组”两种运作模式。核心是以乡镇和行政村开展整体授信，不但缩短审批环节，提升授信效率，还有效提升贷款额度。

（一）“村级推荐委员会 + 农户联保小组”模式

该模式是成立村级推荐委员会和农户联保小组。首先，成立村级推荐委员会，委员由行政村中5～7名品行好有威望的村干部担任，这样做的好处是能够得到所有农户的信任，委员也成为农户和村镇银行之间的桥梁。委员会不但有推荐的责任和职能，同时兼具担保委员的职责。其次，村级推荐委员会推荐农户自由组合成由3～

5人（农户）组成的联保小组，金桥村镇银行同时通过实地走访村民联保小组成员了解实际情况，再结合村级推荐委员会的推荐意见根据产业发展实际确定授信额度。再次，参加农户联保小组的农户向村镇银行缴纳确定授信额度5%的联保基金，成为担保基金，实际上也是简化版的代偿基金，贷款出现逾期情况，可先用担保基金进行代偿，待农户解决资金困难后再进行偿还。最后，在“村级推荐委员会+农户联保小组”的机制建立起来后，村镇银行按照贷款申请人需求，签订贷款合同，发放贷款。

贷款发放完成后，在村镇银行指导下，主要由村级推荐委员会负责监督贷款的使用情况，及时纠正贷款使用不合规现象，进一步降低贷款风险。贷款按期限偿还本金和利息后，返还缴纳的联保保证金（见图1）。

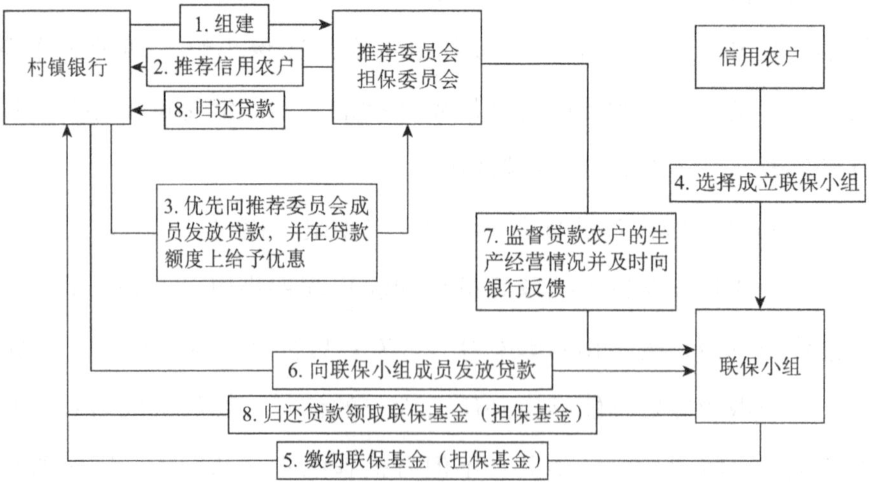

图1　“村级推荐委员会+农户联保小组”模式

（二）“乡镇惠农金融服务组＋农户联保小组”模式

成立乡镇惠农金融服务组是村级推荐委员会的升级和创新，以乡镇为单元，由金桥村镇银行管理“乡镇惠农金融服务组”，“乡镇惠农金融服务组”管理农户联保小组，实现全方位的贷户管理。贷款的授信额度和期限主要由乡镇惠农金融服务组与武都金桥村镇银行核定。在贷款发放前，农户按照贷款金额的5%和10%交纳联保基金和担保基金，分别存入指定专户，作为贷款风险补偿金。

四、取得的成效与启示

（一）村镇银行是服务“三农”的有力补充

2012年之前，服务县域金融的机构主要是中国农业银行和农村信用社。中国邮储银行是2007年成立，之前只提供汇款业务，不提供县域贷款业务。为了应对金融危机的冲击，其他机构在县域呈现出网点收缩和业务减少态势，面向农村的金融供给不足和服务欠缺导致在县域贷款难的情况非常严重。2006年国家开始鼓励建立村镇银行，就是为了增加金融供给。由于每一个地区的特殊性，探索一套适宜区域经济社会发展的模式非常重要，金桥村镇银行深入了解农户实际情况，结合武都区特色产业积极探索金融支持“三农”的新路径，特别是把小额联保贷款引入武都区。小额联保贷款的实践中，克服了客户集中化、产品同质化、服务低水平化和风险管理无序化的问题，探索出了新模式。村镇银行成为服务“三农”的一支重要力量，更进一步完善了金融机构在县域服务的结构，切实改善和提升了当地的农村金融服务。

（二）消除了农户与银行之间的双向信息不对称

金融机构在支持“三农”发展过程中除了受宏观影响之外，更大的问题是信息的双向不对称，金融机构对于农户的实际情况不了解，金融服务不深入，金融机构宣传不到位，也导致农户只知道“缺钱可以找银行贷款”，但是却不知道“银行有什么类型的贷款”可以帮助自己。由于地缘原因，行政村落分散，金桥村镇银行建行之初先是沿着公路开展调研，了解农户实际情况，然后才往纵深发展，加强宣传，创新地通过乡村中一些有威望的人和村干部建立推荐委员会和担保委员会，由于推荐委员会的成员均来自本村，村镇银行通过推荐委员会能够了解每个联保小组的实际情况，实现对联保小组成员从自瞄准向社区瞄准的转变，达到信息传递充分的目的。村镇银行对推荐委员会实施管理，再通过推荐委员会对农户进行全方位管理，从而使行政村形成了信用共同体，在个人信用不足的情况下，用群体信用为个人信用增信，实现贷款顺利投放，满足农业经济体大额贷款需求，增加贫困农户贷款机会，促进农村经济结构调整和贫困农户脱贫致富，同时促进农村信用体系建设。贷款发放后，利用推荐委员会离贷款项目距离近的优势，村镇银行能够通过推荐委员会对农户的生产经营情况做到了如指掌，节约了贷款监督的时间成本和经济成本。

为什么监督委员会能够帮助银行呢？一方面是推荐委员会的内生动力，想让家乡好起来的内生动力，促使推荐委员会积极参与金桥村镇银行的业务创新；另一方面是金桥村镇银行建立的激励方式，贷款委员会成员可以获得更多的贷款机会和更多的贷款额度，这就是责任与激励的匹配，把推荐委员会的责任充分调动起来，保证推荐委员会发展的可持续性。

另外，小额联保贷款在产品设计方面也打破了固定金额和期限的局限，结合武都区的特色产业情况确定金额和期限，针对农产品收购贩运、油橄榄种植和运输周转、中药材种植、畜牧业养殖、中药材加工和特色水果种植等产业不同的金融需求，量身定做金融产品。有了推荐委员会、担保委员会和联保小组，额度确定上不再以农户经济实力作为考量重点，而是研判农户的生产经营能力和项目的市场前景等因素，从而使贷款额度能较好地满足农户实际的生产经营需求。贷款期限按照生产周期和经营特点来灵活确定，这样的产品设计有利于产业链的形成，也有利于带动作用的发挥。通过模式创新，小额联保贷款顺利落地武都区，金融机构的成本降低了，贷款规模扩大了，农户也获得了资金支持，特色产业发展的可持续得到保障，促进农村经济产业结构形成。

（三）“双层联保”能够有效控制风险

传统的联保贷款，联保的连带责任的范围主要是在联保小组内部的农户，如果小组内出现农户违约，没有其他制约手段，往往就会出现小组其他成员不履行连带责任的风险。在构建联保小组的过程中，小组成员的选择一般是风险情况接近的农户组成联保小组，体现出的是“人以群分”，低风险农户更容易组成联保小组，高风险农户被排除在联保小组之外。风险出现时，风险补偿也只是单一的小组成员承担连带责任，风险管控手段单一，金融效果发挥受限。

金桥村镇银行从制度设计上提升风险管控质量，推荐委员会和担保委员会是风险控制的第一个环节，农户在贷款申请阶段，都要得到推荐委员会和担保委员会的同意，实际上两个委员会给予了农户隐形担保，两个委员会也有了隐形责任，加强了小组联保自选择的功能。

在实际操作中，除了传统的联保小组内的成员连带责任，金桥村镇银行还设置了联保基金，风险发生后，如果联保小组成员承担连带责任缺失，由联保基金补偿。这种“双层联保”不仅扩大了农户的连带责任，也加大了贷款户违约的社会惩罚力度。社会惩罚力度的加大能约束农户的违约行为，进而保障联保贷款小组的整体利益。由于在多环节设置风险控制环节，农户担保物不足的问题得到“弱化”，信贷风险也有效降低。对农户来说拿到了资金支持，对金融机构来说提高了业务积极性。

金桥村镇银行联保贷款已推广到全区 29 个乡镇、301 个行政村，地域覆盖面达到 72%，累计发放贷款 41.15 亿元，占各项贷款总额的 84.25%，受益农户 4.5 万余户。

五、思考与讨论

村镇银行设立的初衷是服务“三农”，在多年的实践中各地村镇银行结合当地实际，积极开展产品创新和服务创新，涌现出一批借鉴意义较强的经验做法，金桥村镇银行创新联保贷款就是一个缩影。随着乡村振兴战略的全面推进，金融机构纷纷响应，积极开展产品创新和服务下沉，金融供给出现较大的增幅，金融需求也有了新的变化，这都给村镇银行带来了一定的影响，依靠“一招鲜”的可持续性是有限的。

近年来，村镇银行发展也遇到了一些困境：一是出现发展瓶颈，主要表现在存款吸收乏力、贷款放缓和盈利减少方面。由于村镇银行服务范围有限，吸收存款优势小，吸收存款乏力严重，影响后续的贷款发放。随着大型金融机构重回县域，金融产品创新增加和服务下沉，村镇银行的贷款增速明显放缓。另外，受到服务成本增加和同业竞争影响，村镇银行利润开始减少，有部分村镇银行开始出现亏损。二是风险压力进一步加剧，主要表现在信用风险聚集、资本金不足和流动性风险有压力。前期不规范经营及内控薄弱积聚的隐性风险逐渐显现，受到疫情的冲击，贷款质量影响较大，信用风险聚集比较严重。部分村镇银行内源性资本补充能力不足，发起行和股东对于持续增资的意愿不足，外源融资限制较多，直接导致风险缓释抵补压力加大。由于吸收存款出现乏力和信用风险的压力加大，流动性风险也值得关注。究其原因主要是来自外部经营环境变化和自身经营短板，外部环境变化是大型金融机构重回县域，给村镇银行带来了一定的冲击，出现业务“挤出效应”和专业人才的“虹吸效应”，金融科技的使用缓慢也是村镇银行经营瓶颈出现的主要原因。自身的经营短板一方面是发展模式创新不足，村镇银行更多的是对发起行模式的模仿和路径依托，发起行对村镇银行的业务指导的针对性不强；另一方面是公司治理还不健全，发起行对高管层管理弱化，中小股东履职缺位，董监事会对经营班子履职缺乏有效监督，员工流动比较大等，风险治理水平整体有待提升。

党的十九届五中全会提出“支持中小银行持续健康发展”，村镇银行是支持乡村振兴的重要金融力量，这就要求村镇银行积极贯彻新发展理念，融入新发展格局，更好地服务乡村振兴战略，实现自身的高质量发展。

一是积极推进差异化发展。利用深耕农村市场优势，利用人缘和地缘关系优势，积极挖掘长尾客户。积极创新业务模式和优化业务流程，有效提升治理机制和降低成本，与大中型商业银行形成错位发展。

二是完善公司治理机构。结合小法人特殊性，积极开展股东优进劣退，引进战略投资者，健全补充资本金机制，扩大多元的资金补充渠道，提升抵御风险能力。发起行探索完善适应村镇银行发展的考核机制，促进村镇银行内控机制优化，进一步降低监管成本。

三是进一步优化监管，健全与业务规模相适应，有别于大中型银行的监管指标，如强化集中度、户均贷款等指标，弱化存款偏离度、优质流动性资产充足率等指标，对财政贴息或承担风险补偿的贷款适度降低资本与拨备计提标准。

四是加快推进金融科技发展，扩大金融科技应用场景，利用金融科技的优势促进村镇银行在管理、业务发展等方面的效率提升，扩大发展外延并充实内涵。

【参考阅读】

陇南市武都金桥村镇银行荣获“金融支农优秀合作机构”

2023年4月27日，甘肃省农业产业联合会换届大会在兰州隆重召开，陇南市武都金桥村镇银行荣获“金融支农优秀合作机构”称号。

近年来，陇南市武都金桥村镇银行在各级党委政府、监管部门及兰州银行的坚强领导下，始终坚守“立足地方、服务村镇、坚持微小、发展经济”的市场定位，充分发挥乡村振兴生力军作用，与甘肃省农业融资担保有限责任公司合作推出了“农担加油贷”“支农贷”“产业贷”等多种专项支农信贷产品，坚持深耕“三农”领域，不断提升服务质效，成立16年来，累计向全区发放涉农贷款7万余户，59亿元，为区域经济社会高质量发展作出了积极贡献。

荣誉的背后是社会各界、广大客户和农民朋友对金桥村镇银行的支持和认可，也是沉甸甸的责任。金桥村镇银行将以党的二十大精神为引领，贯彻落实“三抓三促”行动，持续探索创新金融服务模式，以更开阔的思路和更有力的措施深入推进普惠金融发展，助力乡村振兴。

资料来源：陇南市银行业协会公众号，2023 年 4 月 29 日。

理论篇

深刻领会习近平总书记关于金融工作重要论述及甘肃实践路径

党的十八大以来，我国金融业改革与发展进入快速时期，金融业发展取得举世瞩目的成就，建立功能完整的金融体系、多层次资本市场逐步健全、金融数字化转型速度加快、构建现代金融监管框架、金融对外开放促进和防范化解重大金融风险取得重要成果。

习近平总书记对金融事业发展的重大理论和实践问题作出一系列重要论述，立意高远，内涵丰富，思想深刻，把我们党对金融工作本质规律和发展道路的认识提升到了新高度，是马克思主义政治经济学关于金融问题的重要创新成果，对于新时代新征程坚定不移走中国特色金融发展之路，推进金融高质量发展、加快建设金融强国，为以中国式现代化全面推进强国建设、民族复兴伟业提供强有力的金融支撑，具有十分重要的意义。甘肃省深入贯彻习近平总书记关于金融工作的重要论述，围绕服务实体经济、防范金融风险和深化金融改革三项任务开展各项金融工作，通过激活金融要素服务实体经济，坚守风险底线，提升风险化解能力，找准方向推进金融改革等措施践行习近平总书记关于金融工作的重要论述在甘肃落地生根，有效促进甘肃经济社会高质量发展。此外，甘肃还涌现出一些经验做法鲜明的案例，是甘肃的重要实践成果，总结案例的发展经验和特色可以成为其他地区借鉴的“甘肃经验”。

习近平总书记关于金融工作重要论述是习近平经济思想的重要内容和有机组成部分，实现了马克思主义政治经济学在金融领域的中国化、时代化，是马克思主义政治经济学的进一步创新和发展，为新时代新征程推动金融高质量发展提供了根本遵循和行动指南。

一、党的十八大以来金融业取得的成就

党的十八大以来，我国金融业改革与发展进入快速时期，取得举世瞩目的成就。一是建立功能完整的金融体系。我国商业银行实力增强，在服务实体经济方面发挥举足轻重作用，多家银行入选全球系统重要性金融机构。贷款利率管制全面放开，存款利率上限被取消，促进市场导向的利率机制形成。货币政策工具箱日渐丰富，“三大政策工具”进一步健全，建立货币政策与宏观审慎政策双支柱调控框架，基本形成有效实施逆周期调节的宏观金融调控体系。金融机构的产品创新和服务创新成为促进我国经济社会发展的重要动能，金融保持健康稳定发展。二是多层次资本市场逐步健全。到

2022年底资本市场直接融资比例提升到37%，市值跃居全球第二位。设立新三板、科创板，成立北京证券交易所，进一步活跃了资本市场，为服务高质量发展作出重要贡献。三是金融数字化转型速度加快。移动支付成为支付常态、线上保险和贷款形成规模，位居全球领先位置。数字人民币开展试点。金融机构积极开展数字化转型，数字金融产品日渐丰富，提升金融服务的普惠性。四是构建起现代金融监管框架。持续探索建设宏观审慎管理、微观审慎管理、行为监管相结合的金融监管体系。组建中央金融委员会，设立中央金融委员会办公室。开展监管机构改革，完善和健全中国人民银行职能，成立国家金融监督管理总局。现代金融监管框架进一步完善，监管职能进一步清晰。五是促进金融对外开放。积极推进“一带一路”倡议，加大金融开放，着力推进人民币国际化和资本项目下的可自由兑换，外资投资比例进一步放宽，实行市场“非禁即入”，成立中国海南自贸试验区，形成金融业双向开放的新格局。六是防范化解重大金融风险取得重要成果。金融业系统性风险上升趋势得到有效遏制，成功避免出现系统性金融风险。探索建立存款保险制度。金融与实体经济良性循环逐步形成。

党的十九届六中全会和党的二十大报告中多次提及金融，提出“党领导人民成功应对亚洲金融危机、国际金融危机等经济风险”“坚持金融为实体经济服务，全面加强金融监管，防范化解经济金融领域风险”，要“深化金融体制改革，建设现代中央银行制度，加强和完善现代金融监管，强化金融稳定保障体系，依法将各类金融活动全部纳入监管，守住不发生系统性风险底线”。

成果的取得得益于以习近平同志为核心的党中央对金融工作的正确领导，以此为题开展研究主要是对习近平总书记关于金融工作重要论述的深入学习，并以此为基础领会该论述的核心要义，贯彻新发展理念，构建新发展格局，推动高质量发展。

二、理论价值和现实意义

2008 年国际金融危机爆发后，世界经济形势复杂，步入调整和恢复阶段，我国经济也从高速发展向高质量发展转变，逐步进入新常态阶段。面对百年未有之大变局，习近平总书记深刻分析国内外经济形势，运用马克思主义基本原理，立足国内实际情况，传承和发扬中国共产党领导金融工作的实践，从系统化、全局化和前瞻性的视角审视我国金融发展，就做好金融工作多次作出讲话和指示批示，提出一系列新观点、新论断、新思路、新举措、新要求。因此，深入学习并研究习近平总书记关于金融工作的重要论述具有重大的理论价值和实践意义。

党的十八大以来，以习近平同志为核心的党中央站在新的历史起点，在金融服务实体经济、防控系统性金融风险、金融改革开放等方面明确了路径选择，从甘肃实践来看，金融作为重要工具在服务十大生态产业，支持民营经济发展，助力脱贫攻坚，发展普惠金融等方面卓有成效。特别是 2020 年以来，甘肃省对金融如何赋能新发展格局开展了新实践，开展的各项实践都是深入贯彻习近平总书记关于金融工作重要论述的重要举措，并结合本地实际，进而开展探讨，尝试总结“甘肃经验”并推广。

学者们对习近平总书记关于金融工作重要论述的研究主要集中在以下方面：一是背景和渊源、理论基础和实践。学者们认为习近平总书记关于金融工作重要论述是站在新的历史发展时期，立足于经济全球化的时代背景产生的（欧阳彬，2018），思想渊源是马克思主义政治经济学和邓小平金融理论（黄孝武、程敏，2019；张家源，2017），是对西方经济学的修正和超越（靳永茂，2019），是深刻把握中国特色社会主义金融实践产生的（耿刘利、黎娜、王琦，2019）。

二是主要内容。学者们认为，服务实体经济、防控金融风险、深化金融体制改革等是习近平总书记关于金融工作重要论述的主要内容（黄孝武、程敏，2019），此外，还包含金融重要性、金融宗旨、金融安全、金融供给侧结构性改革和金融开放等方面（杨英杰、刘海龙，2019）还有学者认为习近平总书记关于金融工作重要论述的主要内容除了以上内容之外，还包含发展资本市场、扩大金融开放、完善全球金融治理、普惠金融、科技金融和绿色金融，加强党中央对金融工作（吴启金，2018），由“金融核心论”“金融本源论”“金融安全论”“金融改革论”“金融开放论”“全球金融治理论”和“党对金融工作的集中统一领导论”等重要论断构成（韩心灵，2018）。

三是重要意义方面。有学者认为，习近平总书记关于金融工作重要论述，为新时代做好金融工作提供根本依据；有利于深化金融供给侧结构性改革与开放，推动我国金融业高质量发展；有利于推进国际金融发展命运共同体构建，为全球金融治理提供中国智慧和方案（耿刘利、黎娜、王琦，2019）。习近平总书记关于金融工作的重要论述具有重要的理论价值和实践价值，丰富发展了马克思金融理论，有效推动了中国特色社会主义的金融工作（魏丽波、姚莉，2020），抓住了金融工作的本质，注重深化金融改革，科学地把握了金融改革、发展和稳定的关系，体现了坚持以人民为中心的金融发展观，不仅立足国内更着眼全球、推动金融扩大开放，为完善全球金融治理贡献力量，体现了“党是领导一切的”理念、必须加强党中央对金融业的集中统一领导（邹新月、蔡卫星、潘成夫，2019）。

四是特征方面。有学者认为，论述有三个特征，即坚持党的集中统一领导、坚持新发展理念、坚持问题导向和底线思维（耿刘利、黎娜、王琦，2019）。还有学者认为，论述包括立足中国实际，坚持问题导向和底线思维等五大特征（黄俊立，2020）。

甘肃省贯彻习近平总书记关于金融工作重要论述的实践，着力金融供给侧结构性改革这个主线，守住防化风险这个底线（荆勤忠，2020），借助金融科技发展成果，实现甘肃金融业后发赶超（赵经涛，2019）。大力发展绿色金融，着力构建普惠金融和开放金融服务国家和地方战略，取得积极成果（姜再勇，2017）。甘肃金融扶贫模式得到广泛认可（马润平，2015；焦清平，2017；董彦明，2016），为甘肃经济社会高质量作出突出贡献。

我们可以看出，习近平总书记关于金融工作重要论述理论丰富，学者们从多个角度深入学习、深刻领会，阐述了习近平总书记关于金融工作重要论述的内涵、发展以及主要内容。在实践方面，学者们结合甘肃实际积极开展研究，也取得了一定的成果。以上研究都为本文奠定了一定的基础。本文主要是从中国共产党领导金融工作的实践入手，沿着党的十八大以来中国金融改革发展的轨迹，系统地回溯、梳理习近平总书记关于金融工作的重要论述，特别是结合甘肃实际，解读和总结与甘肃实践有关的案例，以期准确理解和把握习近平总书记关于金融工作重要论述的理论基础和核心要义，做好本地区的金融改革发展工作。

三、党的十八大之前中国共产党领导金融事业的实践

中国共产党历来重视经济与金融工作，中国共产党领导金融工作实践可以追溯到建党之初，党领导金融工作实践随着革命进程的推进也逐步深化，金融逐步成为我们取得胜利和积极推进经济建设的重要工具，在我们开展国家建设的各个时期发挥重要的作用。

（一）新民主主义革命时期对金融事业实践的初步探索

新民主主义革命时期，中国共产党深刻认识到封建经济体制和剥削的生产关系对人民的压迫，以反对帝国主义和封建主义为革命目标，以把劳苦人民从剥削中解救出来为己任是这个时期开展金融实践工作的逻辑起点。

在这一时期，我们党领导的金融实践工作主要从三个方面开展：一是建立符合工人阶级和农民阶级利益的金融机构。以毛泽东同志为代表的共产党人认识到农民缺乏低成本的发展资本和生活资料，成为制约摆脱剥削的重要因素，在实践过程中，领导工农建立起农民银行、信用合作社等金融机构，为劳苦大众提供低利息的贷款，为劳苦农民提供资金发展生产，有效调动了农民发展生产和参加革命的积极性，为推动革命发展作出贡献。二是支持根据地革命政权。为打破反动派对根据地的经济封锁以及军事围剿，党中央结合根据地的实际情况，积极开展斗争，开展金融探索，巩固设立金融机构的基础，特别是对于利率有明确规定，禁止在根据地有高利贷发生，有效支持根据地的工农业生产，在改善根据地的经济环境、为革命筹措经费等方面发挥了积极的作用。三是初步建立起自己的金融体系。中国共产党始终贯彻独立自主的金融发展理念，把主动权掌握在自己手中，从早期开始就探索在根据地发行货币，建立独立自主的金融运行体系，同时结合经贸手段实现资源内外的良性循环。1948 年成立中国人民银行，开始发行人民币，并且开始对金融业开展社会主义改造，新的金融体系建设开始探索。

（二）社会主义革命和建设时期金融事业的实践发展

新中国成立后，开展社会主义改造和建设成为该时期的重要任务，党领导金融工作的实践重心也转为服务社会主义改造和建设，从控制通货膨胀开始，着力开展金融机构改革和金融业的社会主义改造等。

这一阶段的金融实践是中国共产党领导金融工作的起步阶段，面临的宏观环境和国际环境是艰难的。金融作为财经工作的重要组成部分，党中央积极探索金融工作的方法，梳理金融和国民经济发展的关系。一是着手控制通货膨胀，恢复国民经济。新中国成立之初，中国共产党组建中央财政经济委员会，领导全国的财经工作，统一全国财政经济体制，在党中央的统一领导和指挥下，陆续打赢了“银元之战”和“米棉之战”。中国人民银行也建立了发行库，从中央到地方建立总库、分库、支库三级机构，实现了全国资金的灵活调配，不但集中了资金，还制止了社会上通货过多、物价膨胀的现象，有效遏制了恶性通货膨胀。第一代共产党人提出了著名的“三大平衡”理论，即财政收支平衡、信贷收支平衡和物资供求平衡，以此理论为指导，发挥银行聚拢资金和调控资金的作用，把人民群众手头富余的资金存入银行和用于购买国债，利用银行的储蓄和国债资金积极开展国家建设，特别是中国人民银行有意识地把资金投放到国营企业，积极推进工业和农业发展，还支持了社会主义改造，使国营经济快速发展，国家掌握了更多的物资，在有效平抑物价的同时还促进新中国成立初期的国民经济建设。二是实现了金融业的社会主义改造。中央人民政府在党的领导下，对金融业开展社会主义改造，接收官僚资本银行，取缔在华外资银行的特权，外资银行由于利润萎缩，申请停办。引导私营金融业正当经营。到1952年底，金融业的社会主义改造基本完成。三是建立起以中国人民银行为核心的社会主义金融体系。在开展金融业社会主义改造的同时，也着手建立独立的金融体系，在中财委的指导下，由中国人民银行主管全国金融工作，通过社会主义改造，终结了旧中国带有剥削性质的“金融乱局”，建立了独立统一的货币体系和国家银行体系，同时，中国人民银行在全国各地快速建立分支机构。中国人民银行还领导中国银行、交通银行等专业银行，以及中国人民保险公司和新成立的中国人民建设银行，农村信用社等，建立起“大一统”模式的社会主义金融体系，迅速恢复生产，开展了存款、放款、汇兑、外汇管理等各项业务，成为党领导金融工作服务国民经济发展的重要抓手。1950 年 2 月和 12 月，党中央两次召开金融工作会议，分析金融形势，讨论金融工作重点，研究部署国家银行、保险、外汇管理和农村金融等工作，围绕“一化三改”开展工作，在探索中前行的新中国金融体系由小到大，局面由分散走向统一，由农村进入城市，转而又下沉农村，承担了多样而繁重的任务。

（三）党的十一届三中全会以后金融实践的突破发展

党的十一届三中全会召开以后，党的工作重心转向经济建设，金融工作也发生了重大变化，党中央加强了对金融工作的认识，金融在财经全局工作中的重要性凸显，金融体制改革进一步深化。这一阶段的金融实践重点是更好地服务现代化经济建设，积极开展金融深化改革，包括银行业改制，建立资本市场，积极扩大金融开放，引入外资等举措，金融成为重要的生产要素。

一是深入认识金融在经济建设中的作用。邓小平同志明确指出“金融是现代经济的核心”“金融搞好了，一着棋活，全盘皆活”“要把银行真正办成银行”。中国人民银行的监管地位被明确，中国工商银行、中国农业银行、中国银行、中国投资银行等相继建立，之前被严格限制的资本市场也陆续开展尝试和探索，金融监管、宏观调控和监理多层次融资渠道逐渐成形，成为促进经济改革重要力量和保障。

二是积极开展金融体制改革。上海证券交易所、深圳证券交易所以及股份制商业银行的建立，有效解决了经济发展过程中融资的问题。党的十四大、党的十五大从建立完善社会主义市场经济体制和通过发展股份制和培育金融市场来活跃社会主义市场经济。通过积极发挥证券市场的融资功能等对金融发展指引了方向，分业监管模式形成，中国特色的商业银行体系建立，多层次资本市场建设实践，扩大金融业改革开放等取得成果。在快速发展过程中，不断尝试、不断改进，成功化解多起金融风险案例，也完成专业银行向商业银行的转型，不断积累了处理金融风险的能力和经验，也探索出一条适合中国特色社会主义经济发展的金融道路。

三是货币政策效果凸显。进入新世纪以来，随着金融体系更加完善和成熟，货币政策的效应也开始凸显，货币政策的制定更加注重稳定人民币币值、提升就业率、扩大消费方面，各个商业金融机构也从创新金融产品和开展金融服务下沉等方面满足人民需要。货币政策成为宏观经济政策的重要组成部分，是宏观调控的重要手段，货币政策工具箱的内容也逐渐丰富。特别是 2008 年金融危机发生以后，货币政策制定开始深入思考如何维护国家金融稳定和可持续发展，利用货币政策工具调节资金与经济发展的流向，保持人民币货币价值稳定和汇率稳定。通过与财政政策的有效协同，形成强大的政策合力，有效配置经济资源，化解潜在的经济风险和经济发展内在矛盾，维护经济的可持续发展，促进宏观经济快速增长，使我国经济增速一直保持在世界领先位置。

四、习近平总书记关于金融工作重要论述的理论基础

习近平总书记关于金融工作重要论述意蕴深厚，对中国特色社会主义经济建设具有重要意义。习近平总书记结合中国国情实际，从马克思主义金融理论出发，汲取中国共产党金融工作实践营养，形成了当代中国马克思主义政治经济学关于金融的一系列重要理论和实践创新成果。

（一）继承发展了马克思主义金融理论

2016 年 7 月召开的经济形势专家座谈会上，习近平总书记强调，坚持和发展中国特色社会主义政治经济学，要以马克思主义政治经济学为指导，总结我国改革开放和社会主义现代化建设的伟大实践经验，同时借鉴西方经济学的有益成分。一方面发展了马克思关于金融与实体经济的关系。马克思用价值理论区分生产性劳动和非生产性劳动，为虚拟经济和实体经济打下理论基础，他用汇票举例，提出虚拟资本理论，随着信用规模的扩大而扩大，但是对于实体经济没有给出具体的概念，而是用从生产到交换的过程都要使用和产生货币来解释实体经济与虚拟经济之间的关系。他发现虚拟经济对于

实体经济的影响呈现出双重性，即虚拟经济是实体经济的“润滑剂”，实体经济反过来又促进虚拟经济的发展，由于虚拟经济的高收益会引发自身的自主发展，可能会脱离实体经济出现膨胀的现象，这会引发信用的暂时扩张，实体经济在虚拟资本的助推下，出现“虚假繁荣”，风险随之而来，一旦泡沫破裂，必将引发经济危机。马克思主义金融理论时刻警惕虚拟资本膨胀引发的风险。另一方面结合中国实际对马克思货币需求理论进一步深化。马克思提出货币的两个基本职能和三个派生职能，其中派生职能有“世界货币”职能，党中央准确判断国内外形势，审时度势加大金融开放，稳步推进人民币国际化和资本项目下的可兑换，分阶段对汇率形成机制进行改革，积极参与国际的金融合作，通过推进“一带一路”倡议，扩展人民币派生职能，形成人民币“走出去”的新格局，提升人民币在国际上的地位，完善和发展了马克思货币需求理论。

（二）中国共产党金融工作实践的赓续和发扬

回顾中国共产党在各个阶段的金融实践，可以发现它们都是中国共产党人把马克思主义金融理论“中国化”的重要实践，为各个时期的金融工作起到了关键的领导和指引作用。毛泽东同志提出了货币发行量要与国民经济发展相适应，银行要吸收人民群众手中的多余资金形成存款，贷款要投向对国民经济发展有利的国营经济，讲究贷款效益，发行公债和发展农村金融合作社，服务农民提高生产效率等关于金融的观点，在此思想指引下，通货膨胀被有效控制，工农业发展增速加快，走出一条适合我国经济发展的金融之路。改革开放以来，邓小平同志提出解放思想、实事求是，在金融领域也提出了“金融是现代经济的核心”。随着改革开放的深入，江泽民同志提出“做好金融工作，保证金融安全、高效、稳健运行，是国民经济持续快速健康发展的基本条件”的观点。胡锦涛同志强调，“做好金融工作，保障金融安全，是推动经济社会又好又快发展的基本条件，是维护经济安全、促进社会和谐的重要保障，越来越成为关系全局的重大问题”。习近平总书记在工作的各个时期都重视金融工作，在正定县工作期间，就积极推进养鸡专业户积极入股合作社，实现扭亏为盈，在福建、浙江、上海工作期间都高度重视发挥金融对经济发展的重要作用。在福建工作期间，大胆尝试利用资本市场推动国企改革和支持推动永安市首创林权抵押贷款，利用金融资源赋能产业发展，发挥金融的杠杆作用。在浙江工作期间，习近平同志是国内最早提出要素交易市场概念的地方党政领导，成立产权交易所，浙江萧山农村银行成为我国首批农村合作银行之一，浙江泰隆商业银行成为我国首家区域性民营银行，浙江从经济发达省份跃升为金融活跃的省份。党的十八大以来，以习近平同志为核心的党中央深化金融体系改革，加强金融风险管控，创新服务实体经济金融模式，发展绿色金融和普惠金融，金融各项事业蓬勃发展，取得瞩目成绩。

（三）中国特色社会主义金融工作的拓展和创新

习近平总书记关于金融工作重要论述，是对新时代中国特色社会主义经济规律的深刻阐述，对我国金融在新时代发展的深刻剖析，明晰了适应新时代经济社会发展的金融需求，对于金融发展的特点和规律有了深层次的认识，极大地丰富了马克思主义金融理论体系，既赋予我国金融发展鲜活的时代特色，又为我国金融持续稳定奠定坚实的理论基础。习近平总书记关于金融工作的诸多论述是鲜活的，是符合我国经济社会发展规律的，是中国共产党实事求是精神的体现，为破解金融经济发展的各项矛盾指引了工作方向，在金融创新、补齐短板、增强动力方面奠定了理论基础和战略指引。

五、习近平总书记对金融工作重要论述的核心要义

党的十八大以来，习近平总书记对金融工作作出一系列重要论述，为党领导金融工作指明了方向，是对金融理论进一步的充实和诠释，全面回答了金融的本质、金融的内涵，明确了金融的发展方向。

（一）深刻阐述了金融的本质和职能

党的十八大以来，习近平总书记在多个场合强调明确金融的本质和职能。我们要深化对金融本质和规律的认识，立足中国实际，走出中国特色金融发展之路。

习近平总书记强调："金融是国家重要的核心竞争力，金融安全是国家安全的重要组成部分，金融制度是经济社会发展中重要的基础性制度。"习近平总书记的重要论述深刻揭示了现实中金融国际博弈的作用原理和发展趋势，金融脆弱性可能会引起金融危机从而导致经济危机的特点是国家关注的焦点。面对百年未有之大变局，国家间的竞争是全方位的，当然包括金融的竞争，历史经验表明，金

融发展与经济发展是正向关系，金融发展是经济发展的重要因素，作为现代经济的核心，金融必然成为国家重要的核心竞争力。党的十八大以来，我国金融业发展成果丰硕，金融改革有序推进，金融创新加强，金融监管改进，推动金融业高质量发展，切实维护金融安全，守住不发生系统性金融风险的底线。

金融的本质是资金的融通。从现代金融的发展视角来看，银行是最早开展资金融通业务的金融机构，商业银行的发展就是从货币兑换，到贷款、存款和汇款业务等，它们成为为经济发展提供资金融通的重要组成力量。资本市场作为直接融资的代表性金融要素，为企业甚至国家，通过股权和债权的形式提供资金融通。不管是间接融资还是直接融资都决定了金融的本质是为国家、企业和个人提供资金融通。习近平总书记作出重要论述，指出："经济是肌体，金融是血脉，两者共生共荣。""金融是现代经济的血液。血脉通，增长才有力。"这些深刻地阐明了金融的本质就是要为经济发展提供资金融通，如果离开了金融的这个本质，那么金融业就失去了存在的基础。

习近平总书记指出："金融活，经济活；金融稳，经济稳；经济兴，金融兴；经济强，金融强。"这一重要论断深刻阐述了金融和实体经济之间的关系，金融的职能是服务实体经济，金融如果"脱实就虚"，就会导致金融与实体经济的错配，金融资源出现"空转"，而实体经济就得不到有效的资金支持。这样的结果就是实体经济出现空心化，而金融也会内部循环，自我膨胀，最终引发金融风险。金融的职能是服务实体经济并促进实体经济发展，产生良性的互动关系，这是金融实现自身可持续发展和保障金融安全的必然要求，只有这样才能真正发挥金融作为经济肌体的“血脉”作用。习近平总书记强调，“金融是实体经济的血脉，为实体经济服务是金融的天职，是金融的宗旨，也是防范金融风险的根本举措”。习近平总书记关于金融服务实体经济的论述提升了马克思主义政治经济学关于实体经济和虚拟经济的辩证认识，丰富了金融服务实体经济的内容。

（二）清晰确立了金融的发展理念

党的十八届五中全会提出“创新、协调、绿色、开放、共享”的新发展理念，这是以习近平同志为核心的党中央结合新时代的发展实际提出的经济社会发展的重要指引，深刻反映了中国特色社会主义发展的规律。新时代金融工作要以新发展理念为指导，遵循金融发展规律。

开展金融创新，就是要建立以服务实体经济为导向的金融产品创新和金融服务创新，以满足经济社会的发展需要，提升金融服务实体经济的能力和水平，成为金融高质量发展的重要基础。

协调金融关系。包括货币政策和宏观经济审慎政策的协调，政府和金融的关系，监管机构和商业金融机构的关系，金融机构和金融机构的关系以及区域之间的关系和城乡之间的关系，要促进金融稳定发展和深化改革。

发展绿色金融。构建金融服务绿色经济的金融结构，利用绿色信贷、绿色债券和绿色基金、绿色保险等绿色金融工具引导和鼓励资金投向绿色产业，促进实体经济开展绿色转型和绿色升级。

扩大金融开放。金融开放不光是金融的“请进来”还要有“走出去”。在国家“一带一路”的背景下，金融服务国家战略就是重要的金融开放路径，成立亚洲基础设施投资银行、丝路基金，以及积极参与国际金融合作都加深了金融开放。探索人民币国际化和资本项目下的自由兑换、人民币货币互换等，使人民币国际化地位进一步提升。

大力发展普惠金融。发展普惠金融就是要促进金融公平机制，不断提升普惠群体的金融获得感，体现以人民为中心的发展宗旨。习近平总书记指出，满足人民群众日益增长的金融需求，特别是要让农民、小微企业、城镇低收入人群、贫困人群和残疾人、老年人等及时获取价格合理、便捷安全的金融服务。

（三）深刻揭示了金融发展的特点和规律

习近平总书记关于金融工作的重要论述运用马克思主义的观点和方法深刻揭示新时代金融发展的特点和规律，体现出中国共产党人实事求是和结合中国实际把马克思主义“中国化”的具体实践。

加强党对金融工作的领导。中国共产党人领导我们各项事业的发展是历史选择的必然，也只有中国共产党能够领导我们的事业取得伟大的历史成就。在2022年中央经济工作会议上，习近平总书记指出，新时代的实践说明，做好经济工作，全面建设社会主义现代化国家，必须坚持党的全面领导特别是党中央集中统一领导，坚守根本性的大原则、大道理。加强党对金融工作的领导，既是党领导经济工作的特色，也是金融发展的优势。金融是经济社会发展的特殊行业，在肩负重要的责任和使命的同时，也同样是积累风险和传播风险的行业，所以金融行业必须服从经济社会发展的大局，要服务国家战略和实体经济。进入新时代，金融工作也面临新形势，只有加强党对金融工作的领导才能够认清复杂的金融与经济形势，深刻领会党对金融工作政策的内涵。习近平总书记多次强调："做好新形势下金融工作，要坚持党中央对金融工作集中统一领导，确保金融改革发展正确方向，确保国家金融安全。"新时代金融工作面临的是经济从高速发展向高质量发展的重要转化时期，只有加强党对金融工作的领导，才能用系统的、全局的和前瞻的思维结合经济发展实际发现实际问题，主动消除风险隐患，化解金融风险，促进金融资源高效率配置赋能经济高质量发展。

明确金融工作原则。习近平总书记在2017年第五次全国金融工作会议上提出做好金融工作需要把握的四项重要原则：一是回归本源，服从服务于经济社会发展。金融的本源就是金融业务的本质，就是资金融通，资金融通的业务体现包括存款、贷款、汇款等和以此为基础的衍生业务，但是资金融通的目的是要支持实体经济，促进实体经济发展和实现其自身的健康发展，高效配置金融资源，更好满足实体经济和人民群众的金融需求。二是优化结构，完善金融市场、金融机构、金融产品体系。合理的金融结构是健康金融体系的前提，健康金融体系又是促进金融结构合理的保障，两者相辅相成，互为依托。优化金融结构需要使金融机构的构成多元化，满足不同经济主体的需求；金融市场层次化，引导各类金融主体的资金有明确的流向；金融产品的创新化，解决金融资源结构化的资源错配。优化金融机构的目的是提高金融资源可获得性、降低经济成本，提升资源配置效率。三是强化监管，提高防范化解金融风险能力。通过加强有效监管，发现和化解金融风险。金融风险具有系统性和传染性，特别是要守住不发生系统风险，一旦发生系统性风险必将引起整个经济系统的风险，防范和化解风险是金融工作一直不变的主题。随着国际形势的剧烈变化，“灰犀牛”和“黑天鹅”事件频发，国际金融风险外溢容易对我国造成风险冲击，所以，要积极推进金融监管改革，提升监管效率，加快法律法规建设和金融机构法人治理结构完善，加强宏观审慎管理制度建设等提升化解金融风险的能力，确保金融安全乃至经济安全。四是市场导向，发挥市场在金融资源配置中的决定性作用。市场是资源调节和配置的高效手段，金融资源的高效配置也离不开市场导向，有效配置是基础，高效配置是方向，决定着经济的高效和健康运行。同时，更好地发挥政府作用，深化金融市场化改革，完善金融市场体系，健全金融市场规则，加强、改善宏观调控，坚持社会主义市场经济改革方向。

揭示金融运行的基本逻辑。习近平总书记关于金融工作的重要论述提出了三项任务，分别是围绕服务实体经济、防范金融风险和深化金融改革。这三项任务紧密结合，逻辑关系明晰，互相作用，成为密不可分的一个整体，服务实体经济是金融的天职和宗旨，也是防控金融风险的根本举措；防控金融风险是发挥金融服务实体经济作用的前提，也是深化金融改革的一个重要目标；深化金融改革、扩大金融开放，创新和完善金融调控，强化金融监管，实现金融资源优化配置，可以有效防范系统性金融风险，促进金融更好地服务于实体经济。这也揭示了新时代金融运行的基本规律，宏观层面要完善和创新金融宏观调控，构建新时代的金融监管框架，提高货币政策与财政政策的协同效应。在中观层面要优化金融市场、健全现代金融企业制度创新和加快现代金融发展方式的转变。通过对三项任务的贯彻落实，可以促进实体经济和金融的良性化和健康化，保障国家金融安全。

六、甘肃省贯彻习近平总书记关于金融工作论述的实践路径

甘肃省深入贯彻习近平总书记关于金融工作论述，将其作为开展各项金融工作的指引，紧紧围绕服务实体经济、防范金融风险和深化金融改革三项任务开展各项金融工作。

（一）激活金融要素服务实体经济

甘肃省积极引导金融机构回归本源业务，结合甘肃省实际加大实体经济重点领域和薄弱环节的金融支持，积极发挥金融服务实体高质量发展的作用。

健全金融服务实体经济的政策法规，出台一系列稳经济、稳金融和优服务、促发展的金融政策措施，特别是聚焦“四强”行动过程中出台一系列小微企业纾困文件，细化各项金融政策安排，保证

将中央有关金融支持实体产业的政策落实落细。出台《关于健全完善金融服务保障体系支持实体经济高质量发展的若干措施》《甘肃省进一步强化金融支持中小微企业纾困发展实施方案》《关于金融支持“强省会”行动的意见》《关于做好2022年金融支持全面推进乡村振兴重点工作的通知》等政策，保障金融要素资源流向实体经济。

完善金融体系结构。积极引入金融机构来甘肃开展业务，充实金融机构数量，增加金融要素供给，夯实金融服务实体经济的基础。甘肃省有主要商业银行类机构21家，保险机构32家，证券类机构24家，期货类机构7家，非银行金融机构10家，还有小额贷款公司、融资担保公司、典当行、融资租赁公司、商业保理公司、地方资产管理公司、区域性股权交易市场等在内的地方金融组织，它们共同构建了服务甘肃地方实体经济较为充实的金融体系结构。金融机构也积极贯彻习近平总书记关于金融工作的论述，不断优化信贷结构，保持信贷增长的稳定性，按照国家要求，着力降低信贷成本，甘肃省金融机构累计降费达11.09亿元，惠及市场主体86万户。

全面推进乡村振兴。金融机构积极开展金融产品创新和金融服务下沉，进一步优化金融服务内容，做好特色产业贷款、脱贫人口小额信贷投放工作，为全面推进乡村振兴提供金融支持。截至2022年7月底，累计发放特色产业贷款1880亿元，累计发放脱贫人口小额信贷177万户、803亿元，贷款余额46万户、216亿元，贷款余额和累放额均位居全国第一。推动开展“保险+期货”试点，2022年以来甘肃省实现“苹果（玉米、鸡蛋、饲料）+保险+期货”项目保单 61 单，受益农户 17.18 万户次。

积极支持重点项目建设和纾解实体融资难题。聚焦甘肃省的重大战略、重大项目，鼓励和推动金融机构积极争取政策和资金支持。着力构建项目“政银企”对接机制，按季度向金融机构推介甘肃省重点投资项目、省列重大项目、重大前期项目“三个清单”和地方政府专项债项目清单等。全力推动稳经济各项金融政策措施落地落实，积极纾解中小微企业融资难题，持续做好中小微企业专项贷款投放，满足多元化融资需求，因地制宜做好创业担保贷款精准投放，加大“担保 +”产品创新，充分发挥政府担保机构增信作用。截至 2022 年 7 月底，甘肃省金融机构单位中长期贷款余额 1.28 万亿元，增长率达到 8.8%，专项贷款余额 9384 亿元，当年新增 417 亿元，较 2020 年初新增 1555 亿元。对 1.48 万户中小微企业、个体工商户、货车司机的超过 5 万亿元贷款本金实施了延期。保险机构为甘肃省 17 万个自然人（含小微业主）办理贷款保证保险，承担风险保额 18.76 亿元，已赔付 3.22 亿元。有效支持了重大项目建设，纾解了实体经济面临的实际困难。

服务企业登陆资本市场。结合甘肃省实际，按照《关于进一步提高上市公司质量的实施意见》要求，推动甘肃省上市公司数量稳步增加、质量不断提升。开展专项化服务，推荐、筛选、培育企业上市前的各项工作，帮助企业解决上市过程中遇到的各类困难。着力提高直接融资比重，用足用好债务融资工具，开展项目建设、产业培育和资本运营。截至 2022 年 7 月底，甘肃省有上市公司 37 家、

“新三板”挂牌企业26家，甘肃股权交易中心累计挂牌展示企业2528家，直接融资超过2万亿元。

（二）坚守风险底线，提升风险化解能力

坚决落实属地金融风险处置责任，积极应对金融领域风险隐患，巩固已有风险化解成果，加快重大风险处置进程，牢牢守住不发生区域性、系统性金融风险的底线。

加强政策执行并形成政策合力。深入贯彻落实国家和地方出台的各项政策措施，建立风险处置和化解机制，成立省级化解金融风险的专门工作机构，形成三级政府责任明确、目标清楚的防范化解金融风险“1+N”责任和政策体系，有力保障化解金融风险政策在甘肃省的落实。

全力化解地方金融风险。一方面是主动积极发现地方法人机构潜在风险和化解已发生风险，推动落实金融机构化险主体责任、地方政府属地责任、监管部门监管责任，精准制定“一行一策”化险方案，在全力开展清收化险、加强内控合规管理的基础上，积极争取国家政策支持化解风险。利用国家专项债资金补充地方金融机构的资本金，引导地方金融机构进一步完善法人治理结构，提升资本实力，加强农合机构化险，优化股权结构，健全治理体系。政府积极利用行政化手段与市场处置结合的方式，推进不良资产清收处置，全力保护全国有资产。截至2022年7月底，甘肃省高风险机构数量较2021年同期净减少13家。另一方面积极主动防范化解资本市场风险。认真贯彻落实证监会“重整一批、重组一批、主动退一批”

的工作要求，着力化解部分上市公司风险，促进甘肃省存量上市公司风险有序出清。加强债券市场风险监测预警，对重点发债企业逐笔督促落实偿债资金来源，对存在兑付风险的到期债券，第一时间进行预警并介入处置，确保所有债券均按期足额兑付。对重点私募投资基金实施台账管理，多渠道、多手段并用，“一户一策”逐步化解风险，保护投资者合法权益，推动私募基金规范有序发展。

（三）找准方向推进金融改革

持续推进金融供给侧结构性改革，在坚持金融管理主要是中央事权的前提下，结合实际，突出重点，积极探索，扎实做好地方金融改革发展监管，稳定各项工作。

推进金融要素聚集。开展金融衍生工具在甘肃省的试点应用。引导省内企业使用期货、期权等衍生品工具，提升金融资源配置效率。加大保险资金对甘肃的投资力度，加大对省内重点企业和基础设施建设的投资。加强科技金融的推广和应用，创新普惠金融发展模式，切实提高中小微企业和个人主体的金融获得便利度，探索财政支持普惠金融发展有效模式，兰州新区、静宁县、凉州区获批 2022 年中央财政支持普惠金融发展示范区。

推动发展绿色金融。落实习近平生态文明思想，紧盯“碳中和、碳达峰”目标，借助国家绿色金融的政策支持，鼓励金融机构开展绿色信贷产品，如“光伏贷”“风电贷”“可再生能源确权贷”等，拉长新能源企业贷款周期，使融资成本明显降低。加快兰州新区绿色金融改革创新试验区建设，召开绿色金融改革创新试验区战略合作签约仪式暨研讨交流会，总结推广绿色金融创新模式。不断扩大“绿金通”综合服务平台影响力，进一步拓宽绿色金融产品与服务。

持续加强地方金融监管。坚持规范与发展并重，按照“依法监管、审慎监管、分类监管、协同监管、创新监管”的工作思路，切实加强对七类地方金融组织的监督管理。促进甘肃省小额贷款公司规范健康可持续发展、更好地发挥服务普惠金融作用，修订《甘肃省小额贷款公司管理办法》，制定《关于促进全省小额贷款公司高质量发展的意见》《甘肃省小额贷款公司监管分类评级指引》。加大行业整顿力度，依法依规对经营发展情况较差、不能顺应市场发展的地方金融组织进行清理，加快“空壳”“失联”企业出清，对公司经营困难、难以为继的企业加大劝退力度，持续推动地方金融组织“减量增质”“做精做强”和规范健康发展。2022 年以来，全省共清理退出非正常经营小额贷款公司 20 家、融资担保公司 14 家、典当行 9 家，受理和办理企业审批、变更、备案等事项 36 项。

稳步推进金融改革开放。研究制定深化农合机构改革方案，推动农合机构进一步健全法人治理结构，持续强化内控合规管理，回归“支农支小”主业，实现稳定健康发展。积极开展贸易外汇收支便利化试点、资本项目数字化服务试点，提升贸易投资便利化水平。创新外汇金融产品，设计融资方案，综合运用出口信用贷款、保理、票据贴现、押汇贷款等方式，助力重点涉外企业“走出去”。

参考文献

[1] 欧阳彬．“把维护金融安全作为治国理政的一件大事”——学习习近平关于金融安全的论述［J］．党的文献，2018（5）：17－22.

[2] 黄孝武，程敏．习近平关于金融工作的重要论述［J］．中南财经政法大学学报，2019（1）：3－8，158.

[3] 张家源．习近平金融思想及其在十九大报告中的新发展［J］．探索，2017（6）：23－30.

[4] 靳永茂．习近平金融发展观的内在探析［J］．改革与战略，2019，35（11）：19－28.

[5] 耿刘利，黎娜，王琦，等．习近平关于金融工作重要论述的价值意蕴［J］．西南石油大学学报（社会科学版），2019，21（5）：9－18.

[6] 杨英杰，刘海龙．习近平关于金融工作重要论述的理论价值与实践意义［J］．理论研究，2019（6）：5－13，61.

[7] 吴启金．深入贯彻习近平金融思想 推动金融工作创新发展［J］．新产经，2018（8）：14－22.

[8] 邹新月，蔡卫星，潘成夫．习近平新时代中国特色社会主义金融思想研究［J］．广东财经大学学报，2018（2）：4－11.

[9] 韩心灵．习近平新时代金融思想论述［J］．上海经济研究，

2018（9）：22－30.

［10］黄俊立．关于金融发展和风险防控的研究［J］．经济研究参考，2020（6）：65－71.

［11］魏丽波，姚莉．金融服务实体经济的逻辑与路径——关于习近平总书记金融工作重要论述的学习体会［J］．当代经济研究，2020（11）：103－107.

［12］荆勤忠．2020：全面建成小康社会中的甘肃金融［J］．甘肃金融，2020（1）：1.

［13］赵经涛．金融科技推动普惠金融发展的方向和策略探讨［J］．甘肃金融，2019（6）：20－23.

［14］姜再勇．大力推进普惠金融基础工程建设［J］．甘肃金融，2017（5）：21－23.

［15］马润平．金融扶贫的甘肃模式与创新［J］．甘肃金融，2015（12）：22－23.

［16］焦清平．农业保险的甘肃实践［J］．中国金融，2016（13）：63－64.

［17］刘梅英，蒋超．中国共产党金融事业的百年历程与基本经验［J］．经济研究导刊，2023（1）：88－91.

［18］李书娜．谱写新时代农金高质量发展新篇章［J］．中国农村金融，2022（21）：14－16.

［19］涂玮，徐翔，贺娟．中国共产党金融安全思想发展与历史经验——基于机器学习和主题模型的分析［J］．中央财经大学学报，

2023 (3): 3 – 12.

[20] 郭树清. 加强和完善现代金融监管 [J]. 中国农村金融, 2022 (22): 8 – 11.

[21] 乔榛, 张志欣. 金融资本扩张对世界格局的影响: 历史变迁、现实状况与未来趋向 [J]. 福建师范大学学报 (哲学社会科学版), 2023 (1): 48 – 56 + 171.

[22] 韩保江. 加快构建新发展格局, 着力推动高质量发展 [J]. 科学社会主义, 2022 (6): 34 – 41.

[23] 刘兴华, 石涵林, 胡栩萌. 习近平总书记关于金融服务实体经济重要论述探析 [J]. 中国井冈山干部学院学报, 2023, 16 (2): 13 – 20.

[24] 宗良, 孙雨心, 王超. 中国特色金融发展之路的历史探源与现实着力点 [J]. 银行家, 2023 (7): 30 – 33.

[25] 杨世伟. 习近平关于金融重要论述的核心要义探析 [J]. 经济家, 2020 (9): 5 – 13.

[26] 石建勋, 王盼盼. 以习近平新时代中国特色社会主义经济思想指导金融发展 [J]. 经济纵横, 2018 (10): 11 – 17 + 2.

[27] 裴长洪. 习近平金融工作重要论述对马克思主义政治经济学的创新发展 [J]. 经济纵横, 2022 (6): 1 – 11.

甘肃省农村“三产融合”赋能全面乡村振兴的机制和对策研究

党的二十大提出“全面推进乡村振兴”，为农村“三产融合”发展赋能全面推进乡村振兴提出了新的历史命题。实践表明，农村“三产融合”发展是全面推进乡村振兴战略的主要路径之一，是有效推动农业提质增效、提高农民收入水平和促进乡村产业高质量发展的重要渠道。甘肃省深入贯彻国家战略，制定和出台了一系列促进农村“三产融合”发展的指导意见和有效措施，农村“三产融合”在赋能全面推进乡村振兴取得初步成效的同时也面临许多问题。本文立足甘肃省农村“三产融合”发展实际，梳理国内外“三产融合”发展的历程，分析“三产融合”推进乡村振兴的理论机制。总结出甘肃省农村“三产融合”具有农业产业发展基础良好、农业产业化经营组织数量持续增加、乡村旅游发展迅速、电子商务赋能农产品销售效果明显和“甘味”品牌影响力持续扩大的优势以及基础设施不完善、劳动力水平较低和自然灾害高发的制约因素。采用熵值法和变异系数法、耦合协调度模型以及障碍度诊断模型对甘肃省农村“三产融合”发展的基础条件、发展水平、内部子系统间的耦合协调性和障碍因素进行了深入分析，对于甘肃省“三产融合”发展水平作出了量化评价。在此基础上，提出加深和拓展农村“三产融合”的深度和广度、打通农村“三产融合”堵点、促进资源要素流动、健全服务体系、夯实农村“三产融合”基础的政策建议，以期甘肃省农村“三产融合”研究能够为全面推进乡村振兴战略的相关理论和实践作出一定的补充。

一、引言

（一）研究背景和意义

我党历来高度重视“三农”工作，特别是党的十八大以来，“三农”工作取得累累硕果，农民增收，农业产业化提速，农村发展进入新阶段，全面实现小康。2018 年党中央、国务院出台了《关于实施乡村振兴战略的意见》，提出按照“产业兴旺、生态宜居、乡风文明、治理有效、生活富裕”的总要求，加快推进农业农村现代化。党的二十大提出“全面推进乡村振兴”，为农村“三产融合”发展赋能全面推进乡村振兴提出了新的历史命题。农村“三产融合”发展成为助力乡村振兴战略的主要途径，加快构建现代农民产业体系，最重要的举措是促进农村产业融合发展，这有利于提高农民收入，促进农村高质量发展。学者们从农业内部融合、产业链融合、技术融合等多视角开展研究，结合实践构建发展指标体系，并开展融合水平测度研究，找寻乡村振兴存在的短板并提出一系列建议。甘肃省深入贯彻乡村振兴战略，在农村“三产融合”方面取得了瞩目成就。

本文选取甘肃省农村产业为研究和实践对象，通过产业之间的融合渗透和交叉重组实现产业发展和发展方式的转变，实现资源、要素、技术、市场需求在农村的整合重组，调整甘肃省产业空间布局，构建现代化的农业产业体系、生产体系和经营体系，推动农村经济持续发展；以特色产业为纽带，开展产业的有效整合，不断延伸产业链条，打造适宜甘肃省农村经济发展的新产业、新业态、新模式；最终为甘肃省实现“产业兴旺、生态宜居、乡风文明、治理有效、生活富裕”的目标提供一定的政策建议并实现实践成果转化。

研究基于区域经济学和产业经济学的相关理论，考察甘肃省产业融合的模式、路径及经验，并总结和提炼甘肃省的具体做法及特色，这不仅为落实《关于实施乡村振兴战略的意见》《国家乡村振兴战略规划（2018—2022 年）》以及西部落后地区开展实施乡村振兴战略提供科学的理论支撑，还有助于从理论上为甘肃乡村振兴和产业融合工作的开展提供科学的、可操作的政策建议，为国内其他地区开展乡村振兴和产业融合工作提供可资借鉴的经验与启示。

考察近年来甘肃省在乡村振兴战略背景下产业融合实践的运作机制创新及效果评价，既有助于拓展产业理论、管理学理论和经济发展理论在甘肃贫困地区的应用，也有助于丰富产业发展方面的理论研究并且将理论转化为成果，是“产学研”的有益尝试。以甘肃省经济发展、产业融合等实地调查资料研究乡村振兴的视角下产业融合工作面临的挑战及其制约因素，有助于为政府和企业优化当前的产业手段和实施机制提供科学的理论依据。

（二）研究思路和方法

本文立足于产业经济学和金融学的理论，广泛挖掘、科学吸收已有的理论成果，以适合的研究结果为起点，充分认识和客观评价产业融合在贯彻乡村振兴战略中的重要性，揭示乡村振兴战略和“三产融合”之间的关系，梳理甘肃省在推进乡村振兴战略过程中“三产融合”的优势和困境，综合评价甘肃省农村“三产融合”的水平，以此为借鉴，为乡村振兴战略下的产业融合提出对策，也为产业融合模式的路径选择提供理论支持。在理论演绎和经验分析的基础上，结合甘肃实际，针对产业融合的支持路径选择提出具有可操作性的一系列政策建议。

本文遵循产业经济学、制度经济学、管理学等学科的相关原理，通过理论与实践的结合、历史与现实的结合、定性与定量的结合、横向与纵向的结合，力求发掘甘肃省农村“三产融合”赋能乡村振兴战略的一般规律及其经典模式。主要的方法有：（1）田野观察法，主要是深入甘肃基层地区调研，与农村产业相关人员进行深度访谈，获取第一手微观数据资料，为进一步开展绩效评价积累数据。（2）实证研究法，用于研究甘肃省农村“三产融合”程度，探索甘肃省农村“三产融合”过程中的不足和欠缺。

（三）研究目标

第一，从区域经济学、产业经济学和发展经济学三个视角综合研究。从乡村振兴与产业融合发展以及区域经济发展之间的关系与影响方面，分析乡村振兴战略对甘肃省产业融合发展的影响，以及产业融合对乡村振兴战略的促进作用。在考察乡村振兴背景下产业融合的内在机制与基本逻辑的基础上，以甘肃省相关数据，定量测度产业融合发展的绩效影响及其经济后果。

第二，系统讨论乡村振兴背景下产业融合的体制机制。总结现有的理论研究基础和实证研究基础，从理论上解释产业融合对推进乡村振兴战略的重要性及其发挥的作用，明确产业融合与乡村振兴战略之间的关系，阐明有效提升产业融合效率是推进乡村振兴战略的突破口。

第三，提出适合甘肃省产业融合的一系列政策建议。讨论产业融合内部融合度以及产出效应和第二产业、第三产业结构的变化，比较分析其他地区产业融合发展的适合路径，根据现状找出制约甘肃省产业深度融合的因素和适合本地区的支持路径选择，以此为基础，提出弥补甘肃省产业融合的短板和优化产业融合路径的一系列政策建议。

（四）国内外研究现状

2018 年，党中央、国务院出台了《关于实施乡村振兴战略的意见》，提出按照“产业兴旺、生态宜居、乡风文明、治理有效、生活富裕”的总要求，加快推进农业农村现代化。甘肃省委省政府发布的《关于实施乡村振兴战略的若干意见》，提出“要以产业兴旺为重点、生态宜居为关键、乡风文明为保障、治理有效为基础、生活富裕为根本”。

乡村振兴战略的出发点应始终以农民农村的发展为主要目的（贺雪峰，2019），实施乡村振兴战略必须始终坚持顶层设计、制度供给、依靠人民、抓住要素与坚持战略走向（廖彩荣等，2018）。实施乡村振兴战略，产业兴旺是关键，加快构建现代农业产业体系，最重要的举措是促进农业产业融合发展（荆勤忠等，2018）。甘肃省特色农业发展优势明显，特别是在特色农产品、电商和文化旅游方面具有优势。在乡村振兴战略下，甘肃省依托当地优势农业资源，推进农村产业融合发展，有利于推进农业价值链升级，提高农业竞争力和附加值，增加农民收入。

农村产业融合的目标是“农业一体化经营”和“纵向一体化垂直协作”等创新方面（梁伟军，2010）。产业融合是发展现代农业的路径，需要大力发展，在融合过程中，随着产业不断发展，产业内部产生内生性创新驱动，包括技术性创新、制度性创新以及组织层面创新等，这种创新驱动使不同产业边界收缩甚至最终消亡，同时还会促进各生产要素的融合（叶湍等，2021）。在发展过程中催生新业态，不但有产业内的融合，也有产业间的融合，在乡村振兴战略背景下，学者们从宏观、中观和微观三个层面开展产业融合的路径选择研究，宏观层面有构建产业融合的集群，发挥引领作用（孙正东，2015），优化产业空间布局（姜长云，2021）；中观层面要借助产业渗透、产业交叉和产业重组等方式，催生新业态，实现农业价值链提升和产业链延伸，达到产业叠加效果（郑风田，2018）；微观层面的产业主体融合是通过龙头企业、农民合作社和家庭农场等农业主体探索相互入股、组建新主体等联结方式，依托龙头企业带动、中介组织带动、科技带动、股份经济等发展模式，发展农业产业化联合体等一体化农业经营形式（吕岩威、刘洋，2017），甘肃省陇南模式的成功就是最好的例证。

学者们还对农村产业融合存在的问题和原因展开了研究。当前我国农村产业融合发展水平和层次还处在较低的水平，产业融合主体不够成熟而且带动能力较弱，外部支撑环境也不是很好（姜晶、崔雁冰，2018）。制约农村产业融合发展的主要原因表现在：休闲农业和乡村旅游发展水平不高、农产品加工业大而不强、农业多功能性认识不足以及农村资源环境严重透支（王兴国，2016）；产业融合过程中土地利用率过低、金融可获得性不够以及农产品品质较差等成为发展瓶颈（刘海洋，2016）；农村产业内部管理不规范、村庄承载能力不强以及产业体制机制障碍等问题，严重阻碍了农村产业融合发展（王丹玉，2018）。农村产业融合发展支持政策发挥着调动融合主体积极性、优化融合环境以及激发融合路径创新等重要作用（李乾，2017）。

梳理相关文献后发现，涉及乡村振兴与农村产业融合发展关系研究的文献较多，这也为本研究的开展提供了极为重要的参考价值与逻辑起点。然而，纵观相关领域研究，它们均存在有待进一步完善和深化的空间。鲜有文献研究针对甘肃省开展系统的研究，没有文献从制度经济学、发展经济学和区域经济学视角提炼甘肃省的经验，这也为甘肃省农村产业融合促进乡村振兴战略提供了可研究的选题。

二、国内外农村“三产融合”的发展历程

产业融合作为促进乡村振兴的重要手段，在国内外得到了广泛的应用和推广。改革开放以来，我国农村产业融合由传统的“一二三”产业的独立经营与发展逐步向产业融合、产业链融合和跨地区融合等发展模式转变。发达国家的乡村经济发展也具有类似的演变过程，并且起步较早，早在20世纪初期就开始了农村产业的融合发展。随着时代的变迁，产业融合不断演化和完善，已经成为现代乡村经济发展的重要方向之一。具体而言，国内外产业融合的发展历程可以分为三个阶段。

第一阶段是20世纪初至20世纪80年代，在这个阶段传统农业与农村工业融合成为主要特点。自20世纪初期，国内外开始逐渐推动传统农业与农村工业的融合，旨在提高农村地区的产业和经济水平，创造更多的就业机会，这一阶段的典型案例是中国的“大包干”和美国的“农村电气化计划”。中国的“大包干”是指中国开展的土地承包制度改革，通过将土地承包权交给农民，激发了农民的生产积极性，提高了农产品的生产效益，也促进了农村的产业融合。美国的“农村电气化计划”是指20世纪30年代罗斯福总统提出的

旨在改善农村地区的电气设施，促进农业和农村工业的发展，提高农村地区的生产和生活水平的计划。这一计划的实施对美国农村地区的产业融合和经济发展产生了积极的影响。

第二阶段是20世纪80年代至20世纪90年代，在这个阶段农业和非农业产业融合趋势逐渐显现。在这一阶段，国内外开始出现农业多元化和跨界经济发展的态势，农业不再仅仅是传统的农产品生产，而是涉及了农产品的加工、服务业和旅游等领域，实现了农业和非农业的融合，提高了农村地区的经济效益。以法国的葡萄酒产业为例，这一产业不仅是农业产业，更是旅游业和服务业的代表性产业，其所带动的非农业领域发展，如旅游业、餐饮业等，为乡村经济发展注入了强大活力。意大利的奶酪产业也是一个非常典型的例子，这一产业除传统农业外，还涉及了制造业和出口业等。通过发展奶酪产业，意大利的农村地区实现了从传统农业向现代产业转型的跨越，提高了农民的收入和生活水平。

第三阶段是2000年至今，在这一阶段，国内外开始推进农业、工业和服务业的深度融合，旨在提高农村地区的产业和经济水平，创造更多的就业机会。在中国，政府提出“三产融合”，通过将农业、工业和服务业有机结合，促进农村地区的产业融合，从而促进城乡一体化发展，提高农村地区的经济和社会发展水平，进一步推动农村地区的现代化进程。而日本的“食品园区”则是通过将农业、加工业、物流业、销售业等环节有机结合，形成服务体系完整的食品产业聚集地。这一模式旨在提高农产品的附加值，促进乡村经济发展和就业。同时，食品园区也为消费者提供了更加优质的、可追溯的食品。

总的来说，国内外产业融合的历程可以概括为传统农业与农村工业融合、农业和非农业产业融合，以及农业、工业和服务业深度融合三个阶段。在全球化、技术革新和经济转型的大背景下，产业融合为相关产业提供了新的发展机遇，推动了相关产业的转型升级和可持续发展。随着乡村振兴战略的实施，农村产业融合的重要性也越来越凸显，政府和企业都将其作为促进农村经济发展和增加农民收入的重要途径。

三、农村“三产融合”推进乡村振兴的机制

农村产业融合是通过产业聚合有效延长农业产业链和补齐发展短板，利用现代产业模式和信息技术，进一步整合各类生产要素，促进产业间的协同，达到产业融合，最终实现传统农业产业效率提升的过程。全面推进乡村振兴战略的关键是产业振兴，而产业振兴的重点是农村产业融合发展，实现农村产业融合有助于农村经济高质量发展、保护农村生态环境和培育农村发展新动能。

（一）丰富的政策供给为农村“三产融合”夯实了基础

2015 年中央一号文件和2016 年中央一号文件分别提出“推进农村第一、第二、第三产业融合”的途径以促进农民增收和推进农村三产深度融合，推进农业产业链整合和价值链提升，让农民共享产

业融合发展的增值收益，培育农民增收新模式。各地根据中央一号文件精神，分别制定出适宜地方农业产业发展的系列文件，对于农村“三产融合”实践提供了政策依据和政策支持，产业融合也开始驶上了“快车道”。党的十九大提出“实施乡村振兴战略”，产业融合成为贯彻落实乡村振兴的重要路径选择之一，各地都开展了多方位的实践。党的二十大提出“全面推进乡村振兴战略”，我国农村产业融合已经在农民增收、农业产业化等方面取得了长足进展，中央和地方政策的效应已经快速显现，农村“三产融合”已经成为全面推进乡村振兴的重要组成部分，这不但表现在产业方面，还表现在生态方面、文化方面和组织建设方面等，有力支持农村基础设施完善，乡村治理优化和农村公共供给水平的提高。农村现状的改善会进一步促进城乡关系的构建，加速城乡区域之间的融合，会促使人才要素、金融要素的流动性，一系列政策的支持使我国农村“三产融合”走上了一条具有中国特色，适应中国农村现实发展的道路，夯实了中国式现代化的基础。

（二）农村“三产融合”有效促进农村产业模式多元发展

农村“三产融合”可以是同一产业内的不同行业，也可以是不同产业的行业之间通过资源交叉渗透，使多个经营主体融合为一体，形成“1 +1 +1 >3”的效应。核心是各类农村经营主体找寻各自的发展短板，以国家产业政策为支持，通过技术渗透、生产要素融合等创新产业融合机制，创新出农业产业发展的新业态、新模式、新技术，最终实现农业产业的深度融合。正是这种机制，有效推进农业产业的供给侧结构性改革，农村“三产融合”通过延长产业链、拓宽产业链，把农产品的价值进一步提升，农产品的价值进一步被发现，使农产品的价格上涨，促进农民增收。农民能够享受和分享经济发展带来的红利。发展可以提升农产品的附加值，从而增加农民收入，直接促进农村消费提升，有效地扩大农村内需。农村“三产融合”的实践能够促进形成农村经营主体的多元化，通过向第二产业、第三产业的延伸，有效扩展农村经营主体的外延，不但改变经营主体的单一性和经营效益低下的情况，还能促进产业边界模糊，使经营主体更加多元化，利益联结的紧密程度进一步加强，促使生产要素流动速度加快，配置效率增强。同时提高生产效率，实现农村经济的转型升级，从而提高农村经济效益和竞争力，促进新产业和新业态的发展，使各方实现共赢。

（三）农村“三产融合”促进农业多功能性回归

土地的多功能性使农业具有多功能性，农业除了向社会提供农副产品和原材料外，还具有经济、文化、社会、生态功能。经济功能方面，可通过开展农产品深加工等发现自身优势，开展国际贸易。文化功能方面，农业作为最古老的产业，成为历史的重要载体，保护农业就是保护历史和认识历史。农业还有一定的教育功能，促进人的价值观、世界观和人生观的形成，促使人与自然和谐发展。社会功能方面，农业发展是维系社会稳定的基础，对于欠发达地区，可以吸纳了更多的就业，农业的社会功能更加凸显。在生态功能方面，农业现代化有利于农村人居环境改善，也可以在防灾减灾和生物多样性保护方面发挥积极作用。各个国家在不同发展阶段对于农业发展的认识是不同的，在不同的阶段对农业多功能性的定位也是不同的，产业支持政策也存在差异。我国在经济社会的不同发展阶段对农业的功能性定位是不同的，出台了适合不同发展阶段的差异化农业保护政策、农业产业支持政策和农产品国际贸易政策。我国乡村振兴战略的提出包含了乡村产业振兴、人才振兴、文化振兴、生态振兴、组织振兴五个方面，农村“三产融合”恰好能够让农业的多功能性回归，有效地发挥农业的多功能性从而支撑乡村振兴战略的落地和具象化，这成为全面推进乡村振兴战略的重要组成部分。

四、甘肃省农村“三产融合”的发展基础

党的十八大以来，尤其是2015年国家层面正式提出农村产业融合发展的决策以来，甘肃省积极推进农村产业融合发展，组织创建6个国家农村产业融合发展示范园、4个全国农村产业融合发展“百县千乡万村”试点示范县、4个全国农村产业融合发展先导区、9个全国休闲农业和乡村旅游示范县。农村产业融合总体水平明显提升，初步形成政府支持、部门联动、企业主体、农户参与、利益共享的格局。党的二十大提出“全面推进乡村振兴”，甘肃省以强烈的使命感和责任感，深入贯彻党的二十大精神，相继出台《关于实现巩固拓展脱贫攻坚成果同乡村振兴有效衔接的实施意见》《甘肃省乡村振兴促进条例》等政策全面推进乡村振兴。甘肃省立足省域实际情况，

“三产融合”的发展实践取得了一些成效，也遇到了问题和挑战。

（一）甘肃省农村“三产融合”发展优势

农业产业发展是“三产融合”的基础，甘肃省作为西部欠发达地区，农业在整个产业体系中一直占有举足轻重的位置。近年来甘肃省在推进农业现代化、农民增收、农村环境改善等方面均取得了一定的成绩。

1. 农业产业发展势头良好

甘肃省历来高度重视“三农”工作，特别是党的十八大以来，农业发展增量较大，农业产值从2012年的984亿元增长到2021年的1600多亿元，十年来，农业产值增长100%，呈现出稳中有增的趋势（见图1），粮食产量从2011年开始连年突破1000万吨，2022年粮食产量突破1265万吨，达到历史新高（见图2），全省播种面积超过4000万亩，小麦机械化率突破90%。积极推进小麦绿色化、玉米循环化、马铃薯产业化发展，提升耕地质量，强化多元供给，为产业融合夯实基础。从结构方面来看，甘肃省全省初步形成了马铃薯、棉花、瓜类、蔬菜、果品、啤酒原料、制种、中药材、蚕豆、百合、烤烟、草产品、草食畜牧业等区域性优势产业和产品。杂交玉米制种面积达到108万亩，产量43万吨，占全国用种量的一半，居全国第一位，使甘肃省真正成为玉米制种大省；马铃薯面积745万亩，年产鲜薯755万吨，居全国第一位；中药材面积万亩，产量36万吨，居全国第一位；蚕豆、黑瓜籽、啤酒酿造原料产量均居全国第一位；莫高干红葡萄酒质量被评为全国第一；年产细毛及半细毛 8000 吨，居全国第三位；羊肉产量居全国第四位，牦牛数量居全国第三位；年皮毛交易量是甘肃省生产量的 5 倍多，为全国三大皮毛集散地之一；紫花苜蓿保留面积 700 万亩，居全国第一位；草产品加工基地达到 95 万亩，规模化草产品加工能力 61 万吨，居全国前列。

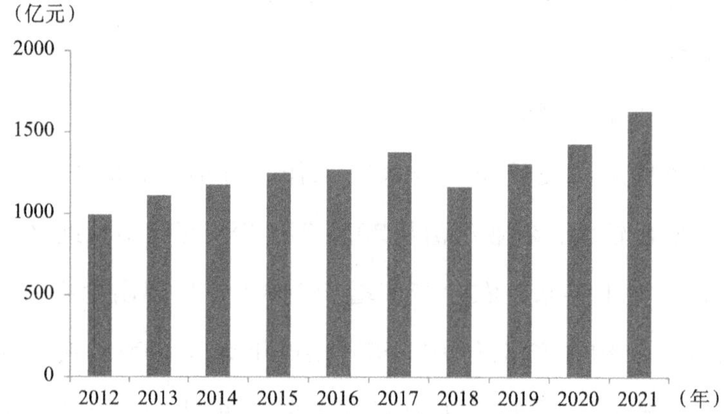

图 1　甘肃农业总产值

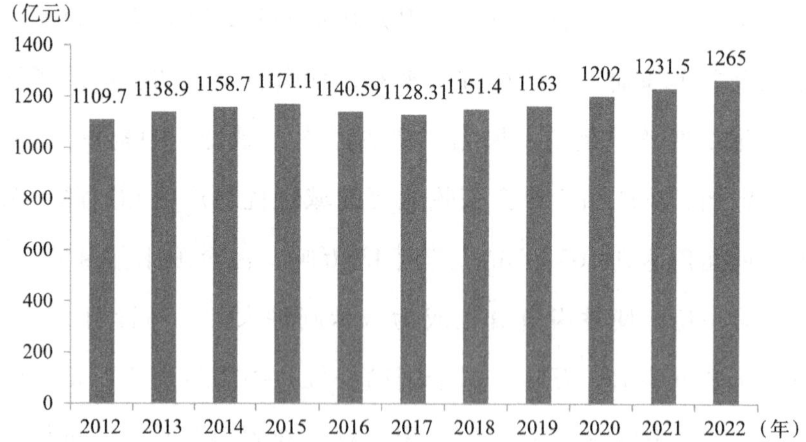

图 2　甘肃粮食产量

2. 农业产业化经营组织数量持续增加

近年来，甘肃省加大农业产业化联合体培育支持力度，优化政策配套，加大金融支持，落实用地保障，开展示范创建，全省农业产业化组织数量快速增加。截至2022年，甘肃省已有家庭农场6.5万家，农民专业合作社数量也从2009年的2421家增长到2022年上半年的9.32万家，带动农户数量达到271万户；2019年以来，甘肃省开展农民合作社质量提升整县推进试点，目前试点县（市、区）已达34个。2022年，甘肃省创建县级以上示范社1.45万家，较2020年增长25%；培育有良种供给、有种养基地、有农机服务、有订单销售、有加工储藏设施的“五有”合作社近5万家，占50%左右，全省运营较规范以上合作社达7.1万家，占75.7%。甘肃省现拥有农业经营户数量444.51万人，规模农业经营户数量达3.58万户。积极推进“市场牵龙头，龙头带动合作社，合作社联农户建基地”的方式，构建“市场+龙头企业+合作社+农户”的利益联结机制，推动合作社按照有良种供给、有种养基地、有农业机械、有订单销售、有加工储藏场地设施的“五有”标准，按照“缺什么、补什么”的原则，提升服务小农户能力。探索出了“合作社+农户”“龙头企业+合作社+农户”“龙头企业+基地+农户”以及订单农业等一系列农业产业化经营模式，农民专业合作社、联合社、家庭农场以及龙头企业等新型农业经营主体，目前已经成为推动甘肃省现代农业发展的“生力军”。

3. 乡村旅游发展迅速

甘肃省是旅游资源富集的地区，呈现出较多的旅游线路在乡村或者在乡村沿线，到2020年底，甘肃省累计建成旅游专业村1053个，已建成300个省级乡村旅游示范村，32个全国乡村旅游重点村，推出60多条乡村旅游精品线路。甘肃省推出的“春风十里陇上乡遇”品牌，受到游客青睐。甘肃省坚持打造以休闲度假、田园风情、乡居体验等为特色的旅游产业，已经初具规模，积极打造乡村旅游产业链，重点建设100多个文旅振兴乡村样板村，打造出一批乡村旅游精品线路和精品民宿，形成乡村旅游打卡点。截至2020年12月31日，甘肃省全国乡村重点村首批名录入选12个乡村，第二批入选2个乡村。“十三五”期间，甘肃省累计接待游客13.2亿人次、实现旅游收入8995亿元，乡村旅游带动55万人脱贫，全省99%的行政村、92%的社区建成综合性文化服务中心。旅游业发展态势良好，已经成为产业融合发展的重要基础，为农民增收效果明显。

4. 电子商务赋能农产品销售效果明显

电子商务快速发展让甘肃省的农产品插上了腾飞的“翅膀”，走向全国，甚至走出国门，特别是享誉全国的“陇南模式”更是成为甘肃省农村产业融合的典型案例。通过电商直播销售、对接头部电商、构建同城配送等方式积极推进农产品销售补链、延链，有效打开农产品销售渠道。另外，积极通过线上销售拉动线下展馆建设，有效形成“互联网+农产品”发展模式，倒逼农产品种植绿色化、标准化和农产品深加工效率提升，有效带动农民就业和提升农民就业，特别是促使农民人均增收超过1500元。推动农业产业结构升级和助力甘肃省农业产业现代化作出积极贡献。截至2021年底，甘肃省电子商务购销比由2015年的12∶1提升到6∶1，实现县级电商公共服务全覆盖。电商功能全覆盖也落实到了各个村，涌现出4万多家活跃的农产品网店，在全国各地建成700多个线下体验店和服务点。甘肃省快递物流乡镇覆盖率达100%、行政村覆盖80%以上；电商快递物流由乡到村配送时间大幅缩短，由2015年的3~7天缩短到2~3天，农村寄递物流成本较原来下降30%以上。实现线上与线下的协同互动，网上销售连年上升，甘肃省农产品网络零售额从2016年的60亿元增长到2022年的超过250亿元（见图3）。

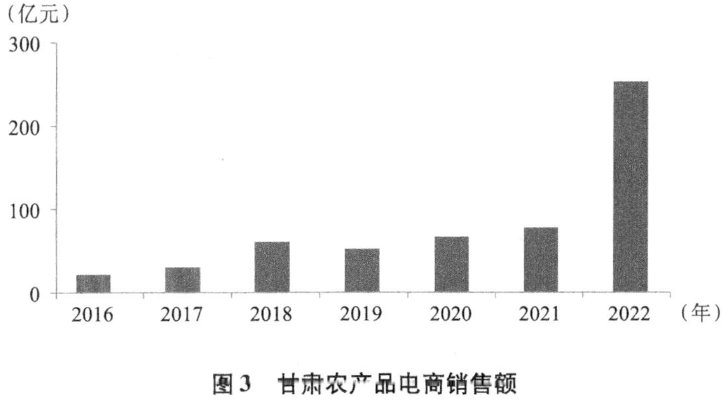

图3　甘肃农产品电商销售额

5. “甘味”品牌影响力持续扩大

“甘味”品牌作为甘肃省农产品的公共区域品牌，围绕甘肃省“牛羊菜果薯药”六大产业，精选能够代表甘肃省特点的优质地道农产品，特别是为一些“独一份”“特别特”和“好中优”“错峰头”

的农产品印上了甘肃名片，产品销售覆盖全国，并借助“一带一路”倡议的东风，远销海外。截至目前，“甘味”品牌产品超过 60 个。在“甘味”品牌的带动下，产品有机化、产业绿色化的现代农业体系初具规模，迅速带动农产品品牌化建设。截至 2021 年 5 月，甘肃省获得“三品一标”企业的数量达到 1318 家，拥有产品数量 2815 个，包括 895 个无公害农产品、217 个有机农产品、1579 个绿色食品，此外还有 124 个农产品地理标志。品牌化的发展充分发掘甘肃省优质农产品，提高种植者和经营者的利润，成为引领农村“三产融合”的最重要牵引力。

（二）甘肃省农村“三产融合”发展制约因素

1. 农业基础设施不完善

农业基础设施建设是农业经济和农业产业发展的先行资本，对有效促进农村产业融合发展和农业经济健康有序发展具有明显的推动效应，是促进农业农村现代化的重要前提条件，但目前甘肃省农业发展的基础设施建设水平仍然不高。首先，农业相关配套设施建设较为落后。农业服务业发展速度较为缓慢，农业机械化水平与其他发达省份相比仍然处于较低水平，与现代农业发展的现实需求脱轨。其次，农业科技应用水平不高，农业科技成果转化能力较低。科学技术是推动农村产业融合发展的关键驱动力，而根据甘肃省官方网站公布的数据，2020 年全省农业科技进步贡献率达到 57%，低于全国整体水平（2017 年为 57.5%，2020 年为 60%）。最后，甘肃省地形类型丰富、山脉纵横交错、海拔悬殊以及自然地理环境复杂，受此影响，全省农村供水、供电、供气条件较差，田间道路崎岖、农业用地坡度较大，田间道路硬化率低，农村道路、农业机械化、农村网络设施、物流设施和现代化的科技设施均不发达，乡村环境治理能力不高，导致农村产业融合发展面临网络信息不发达、现代科技应用水平低、农村物流仓储发展缓慢、与城镇基础设施互联互通的衔接性不强等难题。

2. 劳动力综合素质偏低且渐趋老龄化

农业劳动力是农业生产和发展的主体，也是农村产业融合发展的直接受益者，伴随着近年来社会经济发展水平的不断提高，工业化和城市化发展水平也随之迅速提高，加之农业生产活动成本不断上涨，农民所能获得的农业生产收益严重下降，农业劳动力逐渐外流，大量农业劳动力开始选择弃农务工，以取得更高的经济收益。由表 1 可知，近十年来，甘肃省乡村劳动力资源总数和乡村从业人员数量整体上均呈上涨态势，但是上涨的幅度较小，且分别从 2017 年、2018 年开始出现下降趋势。农林牧渔业从业人员和农业从业人员人数的变化趋势均表现出先增后减态势，从 2010 年开始均呈持续下降趋势。由表 2 可知，乡村从业人员中，接受过高中及以上和初中程度教育水平的人数逐年上升，小学、文盲或半文盲人数持续下降，说明乡村从业人员文化水平逐步提高，但接受教育水平为小学、文盲或半文盲的人口基数仍然较大，表明农业劳动力综合文化素质有待进一步提高。此外，结合项目研究团队在张掖市民乐县、武威市凉州区、临夏州临夏县的实地调研情况来看，近年来，农村年富力强的农业劳动力大多于每年3月到11月选择外出务工，使年龄较大且受教育水平较低的老人成为从事农业生产活动的主力，从而加剧了农业劳动力的老龄化，劳动力严重不足，而且这部分年龄较大的老龄化人口大多受教育年限较少，知识文化水平较低、综合文化素质和学习能力不高，对于农业生产方面的新知识、新技术接受和实际应用能力较为有限。

表1　　2009—2018年甘肃省农村劳动力构成

年份	乡村劳动力资源总数（万人）	乡村从业人员（万人）	农林牧渔业从业人员（万人）	农业从业人员（万人）
2009	1288.69	1106.16	732.90	686.61
2010	1300.37	1113.99	724.82	678.67
2011	1312.68	1119.95	715.42	667.88
2012	1321.23	1122.07	697.64	647.90
2013	1325.01	1123.98	678.90	627.93
2014	1332.39	1126.05	674.52	621.16
2015	1337.64	1129.74	668.07	613.13
2016	1342.47	1132.48	659.76	604.28
2017	1343.30	1131.37	656.37	599.27
2018	1343.19	1130.07	652.26	595.25

数据来源：《甘肃农村统计年鉴》（2010—2019）。

表2　　2009—2018年甘肃省乡村从业人员受教育水平

年份	高中以上（万人）	初中程度（万人）	小学程度（万人）	文盲或半文盲（万人）
2009	156.57	390.77	427.87	130.95
2010	164.14	400	432.4	117.45

续表

年份	高中以上（万人）	初中程度（万人）	小学程度（万人）	文盲或半文盲（万人）
2011	171. 27	407. 65	433. 65	107. 38
2012	182. 63	415. 72	422. 61	101. 11
2013	193. 81	422. 15	414. 27	93. 76
2014	200. 08	427. 16	408. 91	89. 90
2015	206. 11	433. 26	404. 15	86. 20
2016	211. 80	439. 81	398. 36	82. 50
2017	217. 79	442. 45	392. 31	78. 82
2018	223. 44	444. 38	384. 79	77. 02

数据来源：《甘肃农村统计年鉴》（2010—2019）。

3. 自然灾害高发

甘肃省地处黄土高原，地形构造复杂，千沟万壑，处于地震边缘带，地理位置特殊，自然条件恶劣，比较突出的自然灾害包括干旱、暴雨、冰雹和泥石流等，给农业发展带来了较大的阻力，是近些年全国受灾最严重的省份之一。由表 3 可知 2009—2018 年，甘肃省的农业受灾面积和成灾面积呈现出相同的发展规律，即均表现为波动下降趋势，但与其他农业大省相比较，农业受灾程度仍然比较严重。比如 2020 年 8 月，甘南和定西等地先后连续出现了 3 次强降雨天气，导致部分生态脆弱地区发生了严重的洪涝灾害，引发了严重的滑坡、泥石流等自然灾害。据统计，此次灾害甘肃省受灾人口高达 133. 44 万人，交通设施受损约 70. 6 亿元，水利设施受损约 67. 3 亿元，房屋受损数量 1. 58 万户，此外还有 6. 5 万公顷农作物受损，全省累计直接经济损失达到 272. 2 亿元。综上所述，各类自然灾害频发、破坏性严重、农业经济损失严重，是甘肃省农村“三产融合”发展面临的重要威胁之一。

表 3　　2009—2018 年甘肃省受灾面积与成灾面积

年份	受灾面积（千公顷）	成灾面积（千公顷）	百分比（%）
2009	1299. 83	1167. 48	75. 52
2010	1167. 48	877. 71	75. 18
2011	1209. 77	881. 6	72. 87
2012	676. 43	490. 05	72. 45
2013	977. 64	593. 59	60. 72
2014	695. 34	389. 48	56. 01
2015	664. 38	416. 59	62. 7
2016	844. 51	499. 69	59. 17
2017	494. 23	278. 08	56. 27
2018	535. 26	350. 51	65. 48

数据来源：《甘肃农村统计年鉴》（2010—2019）。

五、甘肃省农村“三产融合”发展水平评价

（一）农村产业融合发展评价指标体系

1. 评价指标体系构建原则

农村产业融合发展评价不仅是一个科学、系统的过程，而且是一个动态演变且可持续发展的过程。首先，对评价指标体系设计的科学性和合理性要求较高，如果评价指标体系设计科学合理，则可以有效提高研究结果和研究结论的准确性。因此，各级指标的选择

应充分体现客观性、合理性、全面性，以保证该研究的科学性和可行性。其次，农村产业融合发展不仅涉及农业、第二产业、第三产业的发展，而且涉及乡村产业兴旺、农民增收、乡村振兴、社会经济发展以及生态保护等诸多方面。因此，评价指标体系的构建需要系统、综合地考虑影响农村产业融合发展的因素，选择概念明确、内涵清晰、代表性较强、反映较为全面的指标进行构建。最后，根据农村产业融合发展的可持续性和各地区资源禀赋的差异性要求，在评价指标体系构建过程中要坚持可持续性原则和可操作性原则，以保证所构建的指标体系能全面反映农村产业融合发展的各个方面，充分关注农村产业融合发展目前所面临的问题与原因，并提出相适应的解决方案，来应对农村产业融合发展所面临的新挑战。在此基础上，选择可以量化而且数据容易得到的指标，对于数据获得性较差、缺失严重的指标应立即剔除，综合考虑选择能够科学反映评价内容的替代性指标。

2. 评价指标体系的选择

本文在甘肃省农村“三产融合”发展评价指标体系构建的过程中，首先，根据国家近年来出台的相关文件和指导性意见，对农村“三产融合”发展的具体思路和指导意见进行了学习。在参考姜峥、李芸、陈国生、陈盛伟、任国翠、田永霞等研究的基础上，对指标体系进行了筛选。结合对甘肃省农村产业融合发展示范园的走访调查，对指标体系进行了优化调整，将生态效益作为二级指标纳入了农村产业融合发展评价指标体系，最终选择了一级指标 2 个，二级指标6个、三级指标33个（见表4）。各三级指标的选择主要根据二级指标所代表的内容进行，具体筛选情况如下。

表4　　　　甘肃省农村“三产融合”发展评价指标体系

一级指标	二级指标	三级指标	单位	属性
A1 农业与关联产业融合互动	B1 农业产业链延伸	C1 人均农副产品加工业总产值	元	正
		C2 人均农林牧渔业总产值	元	正
		C3 农村每万人拥有农民专业合作社数量	个	正
		C4 农林水事务支出占财政总支出比重	%	正
		C5 第一产业产值占地区生产总值比重	%	正
		C6 第二产业产值占地区生产总值比重	%	正
		C7 第三产业产值占地区生产总值比重	%	正
	B2 农业多功能性发挥	C8 休闲农业年经营收入占第一产业总产值比重	%	正
		C9 休闲农业年接待旅游人次	万人	正
		C10 设施农业面积占耕地面积比重	%	正
		C11 农作物耕种收综合机械化率	%	正
		C12 水土流失治理率	%	正
	B3 农业服务业融合发展	C13 农林牧渔服务业总产值占第一产业总产值比重	%	正
		C14 涉农贷款增长率	%	正
		C15 农业保险深度	%	正
		C16 农业保险密度	元/人	正
		C17 农村每百户拥有移动电话和计算机数	部	正
		C18 公路密度	公里/平方公里	正
A2 融合发展的效益	B4 经济效益	C19 农民人均纯收入增长率	%	正
		C20 农村居民人均消费支出	元	正
		C21 农村居民恩格尔系数	%	负
		C22 乡村非农就业比例	%	正
		C23 农民非农收入占比	%	正

续表

一级指标	二级指标	三级指标	单位	属性
A2 融合发展的效益	B5 社会效益	C24 城乡居民人均可支配收入比	倍数	负
		C25 城乡居民人均消费支出比	倍数	负
		C26 贫困发生率	%	负
	B6 生态效益	C27 农村人均住房面积	平方米	正
		C28 农村新型合作医疗参合率	%	正
		C29 森林覆盖率	%	正
		C30 化肥与农药施用强度	吨/公顷	负
		C31 农村卫生厕所普及率	%	正
		C32 环保投入占财政支出比重	%	正
		C33 万元 GDP 能耗	吨标准煤/万元	负

（1）农业产业链延伸具体指标选择。农业产业链延伸是农村产业融合发展的重要标志。推动农村产业融合发展的主要目的就是要有效延长农业产业链，提高农业的附加值，增强农业的经济效益。因此，本文以人均农副产品加工业总产值、人均农林牧渔业总产值、农村每万人拥有农民专业合作社数量、农林水事务支出占财政总支出比重、第一产业产值占地区生产总值、第二产业产值占地区生产总值和第三产业产值占地区生产总值比重 7 个具体指标来反映农业产业链延伸情况。

（2）农业多功能性发挥具体指标选择。农村产业融合发展就是要探索和激活农业的多功能性，发挥农业在社会、生态环境、文化发展等方面的作用，催生新业态、新模式，从而提高农业的多重价值，促进农民增收，推动乡村产业兴旺。因此，本文用休闲农业年经营收入占第一产业总产值比重、休闲农业年接待旅游人次、设施农业面积占耕地面积比重、农作物耕种收综合机械化率、水土流失治理率5个指标来反映农业多功能性发挥水平。

（3）农业服务业融合发展具体指标选择。推动农业服务业的发展是促进农村产业融合发展的重要基础，农业服务业发展水平的提高，可为农业发展提供必要的物质基础和重要保障。因此，本文用农林牧渔服务业总产值占第一产业总产值比重、涉农贷款增长率、农业保险深度、农业保险密度、农村每百户拥有移动电话和计算机数、公路密度6个具体指标来反映农业服务业融合发展情况。

（4）经济效益具体指标选择。农村产业融合发展的主要目的在于促进农民增收，增加非农就业，农民增收水平高低也是反映一个国家或地区农村产业融合发展水平高低的重要标志。因此，本文用农民人均纯收入增长率、农村居民人均消费支出、农村居民恩格尔系数、乡村非农就业比例、农民非农收入占比5个具体指标来反映经济效益。

（5）社会效益具体指标选择。农村产业融合发展不仅可以推动乡村产业兴旺、提高农民经济收益，而且在推动城乡要素双向流动和城乡一体化建设、消除贫困、保护生态等方面具有显著作用。因此，本文采用城乡居民人均可支配收入比、城乡居民人均消费支出比、贫困发生率、农村人均住房面积以及农村新型合作医疗参合率5个具体指标来反映社会效益。

（6）生态效益具体指标选择。农村产业融合发展不仅强调农村产业发展的经济效益和社会效益，而且重视生态环境保护和推动绿色可持续产业的发展，强调农村产业融合发展的生态效益。因此，本文采用森林覆盖率、化肥与农药施用强度、农村卫生厕所普及率、环保投入占财政支出比重、万元 GDP 能耗 5 个具体指标来反映生态效益。

（二）农村产业融合发展评价研究方法

1. 熵值法与变异系数法

（1）熵值法。

第一，为消除指标体系间因数据性质、量纲和单位不同对测算结果和研究结论带来的误差，提前使用数据标准化公式对基础数据展开了如下处理，公式如下：

$$X'_{ij}:X'_{ij}=\frac{X_{ij}}{X_{JMAX}} \quad \text{（公式 1）}$$

第二步，计算第 j 项指标下第 i 个样本的比重，记为 P_{ij}，

$$P_{ij}=\frac{X'_{ij}}{\sum_{i=1}^{n}X'_{ij}} \quad \text{（公式 2）}$$

第三步，计算第 j 项指标的熵值，记为 e_j，

$$e_j=-k\sum_{i-1}^{n}P_{ij}\ln P_{ij} \quad \text{（公式 3）}$$

第四步，计算第 j 项指标的差异系数，记为 g_j，

$$g_j=1-e_j \quad \text{（公式 4）}$$

第五步，计算每个指标的权重，记为 W_j，

$$W_j=-k\frac{gj}{\sum_{j=1}^{m}gj} \quad \text{（公式 5）}$$

第六步，计算最终得分，记为 S_i，

$$S_i = \sum_{j=1}^{m} W_j P_{ij} \quad （公式 6）$$

S_i即为甘肃省农村“三产融合”发展的综合评价指数，其值越高，说明农村产业融合发展水平越高。

（2）变异系数法。

第一步，计算指标均值：

$$\overline{X_j} = \frac{1}{m}\sum_{i=1}^{m} X_{ij} \quad （公式 7）$$

第二步，计算指标标准差：

$$S_j = \sqrt{\frac{1}{m}\sum_{i=1}^{m} (X_{ij} - \overline{X_j})^2} \quad （公式 8）$$

第三步，计算指标变异系数：

$$CV_j = S_j / \overline{X_j} \quad （公式 9）$$

第四步，计算指标变异权重：

$$\lambda_j = CV_j / \sum_{j=1}^{n} CV_j \quad （公式 10）$$

第五步，计算综合评价指数：

$$U_y = \sum_{j=1}^{n} (\lambda_j \times X_{ij}) \quad （公式 11）$$

在参考刘畅和邓铭等研究的基础上，对熵值法、变异系数法所得权重求取两者的几何均值，并将其作为指标的最终权重；将熵值法和变异系数法计算得到的农村产业融合发展综合评价指数的几何平均值作为农村产业融合发展的最终评价值。

2. 耦合协调度模型

为测度甘肃省农村“三产融合”发展各子系统间的耦合协调度，本文结合已有研究，采用耦合协调度模型来实证分析农村产业融合发展系统内部各子系统间的耦合协调水平，具体公式如下：

$$C = \{(F_1 \times F_2 \times F_3 \times \cdots \times F_n)/[\prod_{i \neq j}^{n} F_i + F_j]\}^{1/n} \quad \text{（公式 12）}$$

$$T = aF_1 + bF_2 + \cdots + zF_n \quad \text{（公式 13）}$$

$$D = \sqrt{C \times T} \quad \text{（公式 14）}$$

式（12）~式（14）中，C 代表各子系统的耦合度，其值越大，表明耦合程度越好，F_1、F_2、F_3、F_n代表农村产业融合发展系统各子系统的综合评价指数，T 为农村产业融合发展各子系统的综合协调指数，a、b、z 分别为待定系数，且 $a + b + z = 1$，代表了各子系统之间的整体协同效应。本文认为在农村产业融合发展过程中，各子系统的作用同等重要，因此 $a = b = z$；D 为耦合协调度，D 值处于 0 ~ 1，其值越大，说明农村产业融合发展各子系统的耦合协调性越高。

3. 障碍因素诊断模型

障碍因素诊断模型是对农村产业融合发展的阻碍因子进行诊断和分析，可以进一步明确农村产业融合发展面临的主要障碍因子有哪些以及这些障碍因子对其发展影响程度的强弱。模型由三部分构成：一是因子贡献度，二是指标的偏离度，三是障碍度。具体而言，因子贡献度用来表示单因子指标对总的系统目标贡献程度的大小，即具体指标的权重，需要说明的是此部分研究内容主要采用熵值法计算的权重值作为因子贡献度；指标偏离度用来表示单项因子指标与总目标农村产业融合发展之间的差距；障碍度用来反映各级指标影响农村产业融合发展程度的大小。借鉴匡丽花和叶英聪、陈强强等学者的研究，本文构建的障碍因素诊断模型如下：

（1）计算因子贡献度：ω_{ij} （公式 15）

（2）计算指标偏离度：$F_n = 1 - X_{ij}$ （公式 16）

（3）计算障碍度：$m_n = \dfrac{F_n \times \omega_{ij}}{\sum_{i=1}^{27}(F_i \times \omega_{ij})} \times 100\%$ （公式 17）

（4）计算各准则层对总目标的障碍度：$M_n = \sum m_n$ （公式 18）

（三）实证结果分析

分别根据公式（1）～公式（6）和公式（7）～公式（11）进行计算，得到了甘肃省农村“三产融合”发展评价指标体系指标层在不同权重求解方法下的权重和综合权重值，结果如表 5 所示。

表 5　甘肃省农村“三产融合”发展评价指标体系各指标权重

一级指标	二级指标	三级指标	属性	熵值权重	变异系数权重	最终权重
A1 农业与关联产业融合互动	B1 农业产业链延伸	C1 人均农副产品加工业总产值	正	0.0278	0.0441	0.0350
		C2 人均农林牧渔业总产值	正	0.0263	0.0308	0.0285
		C3 农村每万人拥有农民专业合作社数量	正	0.0450	0.0931	0.0647
		C4 农林水事务支出占财政总支出比重	正	0.0297	0.0116	0.0185
		C5 第一产业产值占地区生产总值比重	正	0.0310	0.0080	0.0158
		C6 第二产业产值占地区生产总值比重	正	0.0332	0.0151	0.0224
		C7 第三产业产值占地区生产总值比重	正	0.0331	0.0144	0.0218

续表

一级指标	二级指标	三级指标	属性	熵值权重	变异系数权重	最终权重
A1 农业与关联产业融合互动	B2 农业多功能性发挥	C8 休闲农业年经营收入占第一产业总产值比重	正	0.0148	0.0164	0.0156
		C9 休闲农业年接待旅游人次	正	0.0405	0.0753	0.0552
		C10 设施农业面积占耕地面积比重	正	0.0415	0.0483	0.0447
		C11 农作物耕种收综合机械化率	正	0.0279	0.0196	0.0234
		C12 水土流失治理率	正	0.0579	0.0343	0.0446
	B3 农业服务业融合发展	C13 农林牧渔服务业总产值占第一产业总产值比重	正	0.0210	0.0176	0.0191
		C14 涉农贷款增长率	正	0.0188	0.0525	0.0314
		C15 农业保险深度	正	0.0313	0.0660	0.0455
		C16 农业保险密度	正	0.0345	0.0751	0.0509
		C17 农村每百户拥有移动电话和计算机数	正	0.0223	0.0346	0.0278
		C18 公路密度	正	0.0210	0.0085	0.0133
A2 融合发展的效益	B4 经济效益	C19 农民人均纯收入增长率	正	0.0347	0.0347	0.0347
		C20 农村居民人均消费支出	正	0.0353	0.0421	0.0386
		C21 农村居民恩格尔系数	负	0.0223	0.0126	0.0168
		C22 乡村非农就业比例	正	0.0452	0.0668	0.0549
		C23 农民非农收入占比	正	0.0219	0.0079	0.0131
	B5 社会效益	C24 城乡居民人均可支配收入比	负	0.0225	0.0069	0.0125
		C25 城乡居民人均消费支出比	负	0.0236	0.0121	0.0169
		C26 贫困发生率	负	0.0178	0.0648	0.0340
	B6 生态效益	C27 农村人均住房面积	正	0.0305	0.0169	0.0227
		C28 农村新型合作医疗参合率	正	0.0241	0.0014	0.0057
		C29 森林覆盖率	正	0.0523	0.0043	0.0150
		C30 化肥与农药施用强度	负	0.0215	0.0075	0.0127
		C31 农村卫生厕所普及率	正	0.0214	0.0107	0.0151
		C32 环保投入占财政支出比重	正	0.0478	0.0208	0.0316
		C33 万元 GDP 能耗	负	0.0214	0.0255	0.0233

1. 甘肃省农村“三产融合”发展水平的时序分析

根据表5所得权重，利用农村产业融合发展综合评价指数的几何平均值公式，求得农村产业融合发展的综合评价值，结果如表6、图4所示。

表6　　甘肃省农村“三产融合”发展综合评价指数

年份	农业产业链延伸	农业多功能性发挥	农业服务业融合发展	经济效益	社会效益	生态效益	综合水平
2009	0.0392	0.0421	0.0509	0.0121	0.0040	0.0299	0.1782
2010	0.0472	0.0532	0.0559	0.0227	0.0173	0.0403	0.2367
2011	0.0509	0.0713	0.0664	0.0388	0.0379	0.0546	0.3199
2012	0.0708	0.0873	0.0925	0.0518	0.0457	0.0323	0.3805
2013	0.0831	0.0523	0.1126	0.0609	0.0666	0.0546	0.4303
2014	0.0909	0.0642	0.1262	0.0779	0.0860	0.0549	0.5000
2015	0.1135	0.0711	0.1402	0.1109	0.0920	0.0657	0.5934
2016	0.1261	0.0939	0.1269	0.0906	0.0962	0.0694	0.6030
2017	0.1125	0.1276	0.1219	0.1202	0.1032	0.0727	0.6580
2018	0.1233	0.1433	0.1437	0.1175	0.1109	0.0845	0.7232

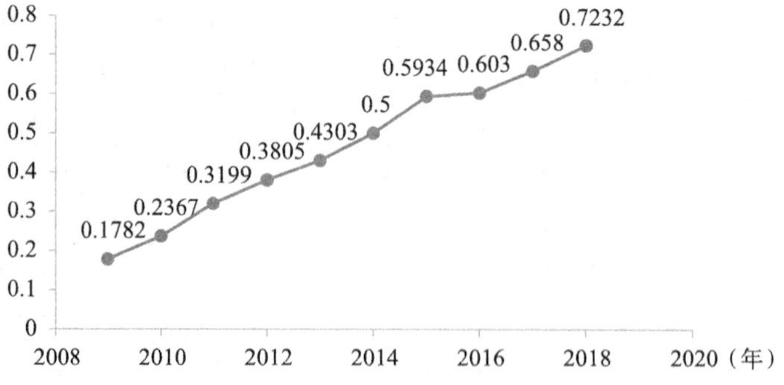

图4　甘肃省农村“三产融合”发展综合评价指数趋势

首先，就总体评价值而言，2009—2018 年甘肃省农村“三产融合”发展的综合评价值由最初的 0.1782 上升到了 2018 年的 0.7232，说明考察期内，甘肃省农村“三产融合”发展水平总体呈持续增长态势，发展势头良好。具体而言，2009—2018 年，甘肃省农村“三产融合”发展的综合评价值增长了约 4.1 倍，年平均增长率为 16.84%，增长幅度较大。

其次，分时间段来看，2011—2012 年、2014—2015 年以及 2018 年的农村产业融合发展水平增速相对较快，2015—2016 年增速最为缓慢。总体而言，甘肃省农村“三产融合”发展水平呈持续向好的健康发展态势，这主要得益于近年来国家对“三农”问题的高度重视和对西部地区农业产业发展的有力支持。在此背景下，甘肃省积极响应党中央号召，充分利用特色优势资源，因地制宜，积极安排专项资金，大力推进国家农村产业融合发展示范园的创建工作，积极探索多种形式的农村产业融合发展模式，不仅丰富了农户与企业、合作社以及家庭农场等新型农业经营主体的利益联结形式，而且拓宽了农民增收渠道，提高了农民收入。

最后，从各二级指标的发展水平来看，截至 2018 年底，发展水平最高的是农业服务业融合发展（0.1437）。另外是农业多功能性发挥（0.1433）、农业产业链延伸（0.1233）、经济效益（0.1175）、社会效益（0.1109），生态效益的综合评价值最低（0.0845）。由此可知，各二级指标的发展水平总体呈上升趋势，但各指标间存在明显的差异性，说明农村产业融合发展系统内部差异较大，各要素水平高低不一，呈不均衡态势，耦合协调水平较低。

2. 甘肃省农村“三产融合”发展的耦合协调度分析

农村产业融合发展，不仅要注重提高总体发展水平，而且还要注意农村产业融合发展系统内部各子系统间的耦合协调性。因此，在计算得到各子系统综合评价值的基础上，根据耦合协调度公式（12）～公式（14），分别测算历年各二级子系统间的耦合度 C 和耦合协调度 D。为更加清楚地了解甘肃省农村“三产融合”发展各系统间的耦合协调状态和类型，本文在前人研究的基础上，对耦合度和耦合协调度的类型进行了划分（见表 7、表 8）。本文用 C1－3 表示农业产业链延伸、农业多功能性发挥和农业服务业融合发展间的耦合度，D1－3 表示三者间的耦合协调度；C4－6 表示经济效益、社会效益及生态效益间的耦合度，D4－6 表示三者间的耦合协调度；CA－A 表示农业与关联产业融合互动和融合发展效益间的耦合度，DA－A 是两者间的耦合协调度，具体计算结果如表 9、图 5 所示。

表 7　　　　耦合度划分标准

耦合等级	耦合度划分区间	耦合类型
1	0～0.3	低水平耦合
2	0.3～0.5	拮抗耦合
3	0.5～0.8	磨合耦合
4	0.8～1.0	高水平耦合

表 8　　耦合协调度划分标准

协调等级	协调度划分区间	协调类型
1	0 ~0.1	极度失调
2	0.1 ~0.2	严重失调
3	0.2 ~0.3	中度失调
4	0.3 ~0.4	轻度失调
5	0.4 ~0.5	濒临失调
6	0.5 ~0.6	勉强协调
7	0.6 ~0.7	初级协调
8	0.7 ~0.8	中级协调
9	0.8 ~0.9	良好协调
10	0.9 ~1.0	优质协调

表 9　　甘肃省农村“三产融合”发展各指标层间的耦合协调度

年份	C1 -3	D1 -3	C4 -6	D4 -6	CA - A	DA - A
2009	0.4978	0.1481	0.3991	0.0782	0.4376	0.1974
2010	0.4991	0.1613	0.4777	0.1131	0.4735	0.2367
2011	0.4961	0.1766	0.4948	0.1472	0.4919	0.2805
2012	0.4975	0.2039	0.4926	0.1460	0.4741	0.3003
2013	0.4820	0.1997	0.4988	0.1740	0.4941	0.3260
2014	0.4861	0.2135	0.4932	0.1896	0.4961	0.3522
2015	0.4853	0.2292	0.4913	0.2097	0.4977	0.3843
2016	0.4963	0.2395	0.4962	0.2059	0.4943	0.3861
2017	0.4995	0.2455	0.4918	0.2203	0.4975	0.4046
2018	0.4990	0.2613	0.4961	0.2275	0.4954	0.4233

从耦合度值看，由表 9 可知，2009—2018 年甘肃省农业产业链延伸、农业多功能性发挥和农业服务业融合发展间的耦合度值围绕

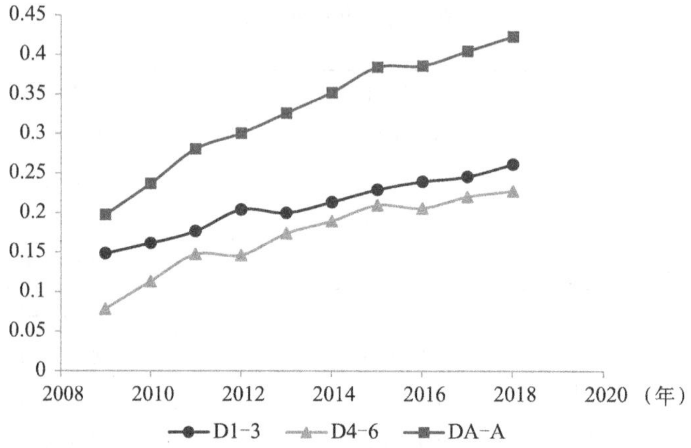

图5　甘肃省农村“三产融合”发展各指标层间的耦合协调度趋势图

0.49 上下波动，处于拮抗耦合阶段，表明三者间存在一定的相互促进和相互影响关系；经济效益、社会效益及生态效益三者间的耦合度值处于 0.39 ~ 0.50，属于拮抗耦合阶段，三者间的耦合水平有待进一步提升；农业与关联产业融合互动和融合发展效益间的耦合度值围绕 0.43 ~ 0.5 波动，属于拮抗耦合阶段，需进一步重视两者间的耦合关系。总体而言，甘肃省农村“三产融合”发展各子系统间的耦合水平不高，未来应重点关注各子系统间的耦合互动发展，形成一致的合力效应。

从耦合协调度值看，由表 9 和图 5 可知，2009—2018 年甘肃省农业产业链延伸、农业多功能性发挥和农业服务业融合发展间的耦合协调度值呈波动上升趋势，由 2009 年的 0.1481 上升到了 2018 年的 0.2613。根据表 9 和图 5 可知，三者间的耦合协调度大致可分为两个阶段：一是 2009—2011 年和 2013 年的严重失调阶段，二是

2012 年、2014—2018 年的中度失调阶段。可见，三者间的耦合协调水平较低，发展状态不稳定。经济效益、社会效益及生态效益间的耦合协调度曲线处于三条曲线的最下方，耦合协调度值从 2009 年的 0.0782 增加到了 2018 年的 0.2275 但整体水平仍不高，目前处于中度失调阶段，说明经济效益、社会效益及生态效益的发展处于不均衡状态，可能的原因在于社会效益和生态效益是一个长期的缓慢变化过程，而经济效益相对变化较快，一慢一快导致了三者间发展的不平衡。农业与关联产业融合互动和融合发展效益间的耦合协调水平呈持续增长态势，曲线位于三条曲线的最上方，说明 2009—2018 年农业与关联产业融合互动和融合发展效益间的耦合协调水平一直高于另外两方面，其发展共历经四个主要阶段：一是严重失调阶段（2009 年）、二是中度失调阶段（2010—2011 年）、三是轻度失调阶段（2012—2016 年）、四是濒临失调阶段（2017—2018 年）。可见，两者间的耦合协调水平在不断提升，但目前发展水平仍不高。总体而言，甘肃省农村“三产融合”发展各子系统间的耦合协调水平整体呈增长态势，但目前发展水平仍然较低，未来必须高度重视各子系统间的耦合互动和协调发展。

3. 甘肃省农村“三产融合”发展的障碍因素诊断分析

为明确甘肃省农村“三产融合”发展的障碍因素，本文引入障碍度判断模型，根据公式计算得到各二级指标层的障碍度值和指标层的障碍度值。

（1）二级指标层的障碍度分析。由公式（15）~公式（18）计算得到的数据来看，考察期内，甘肃省农村“三产融合”发展系统的二级指标层障碍度值随时间变化呈现明显的差异性特征。农业产业链延伸的障碍度值呈持续上升态势，农业多功能性发挥和农业服务业融合发展的障碍度值呈波动上升态势，社会效益的障碍度值呈持续下降趋势，经济效益和生态效益的障碍度值呈波动下降趋势。从障碍度的影响程度而言，考察期内农业产业链延伸一直是影响全省农村“三产融合”发展的主要障碍因子，说明该阶段农业产业链延伸是有效促进农村产业融合发展的关键因素。

具体来看，2009 年，除农业产业链延伸这个主要障碍因子外，阻碍全省农村“三产融合”发展的其余障碍因子排名依次为：经济效益（18.6590%）、农业多功能性发挥（16.5692%）、生态效益（15.2198%）、社会效益（14.336%）以及农业服务业融合发展（14.1447%），这说明提高农村产业融合发展的经济效益是该阶段的重点。2014 年，农业多功能性发挥对农村产业融合发展的阻碍作用进一步增强，上升到第二位，其障碍度值为 5.8943%，比 2009 年上升了 9.3 个百分点；社会效益的阻碍作用明显减弱，比 2009 年下降了约 9.6 个百分点，说明该阶段仍然要重视培育和发展农业龙头企业，大力发展农产品加工业，同时要不断挖掘农业的多功能性。2018 年，农业多功能性发挥的障碍因子得分（21.6973%）仍然排第二位，接下来是经济效益（17.5079%）、农业服务业融合发展（15.8420%）和生态效益（13.8342%），社会效益（13.61%）对农村产业融合发展的阻力最小、说明拓展农业多种功能、促进农民增收是当前农村产业融合发展的主要任务。

（2）指标层的主要障碍因子分析。若仅仅依靠二级指标层障碍度来判断全省农村“三产融合”发展的障碍因子，在一定程度上会掩盖子指标的个体差异。因此，本文计算了2009—2018年我省农村“三产融合”发展指标层的因子障碍度，按障碍度值大小进行排名后，然后选择了2009年、2014年和2018年3个年份中，障碍度值最高的前五个因子指标进行分析，以期进一步明确我省农村“三产融合”发展的具体制约因子和规律，计算结果如表10、表11、表12所示。

表10　2009年甘肃省农村“三产融合”发展的指标层障碍因素排序

次序	1	2	3	4	5
障碍因子	C29	C22	C3	C10	C9
障碍度	6.64	5.74	5.71	5.24	5.14

表11　2014年甘肃省农村“三产融合”发展的指标层障碍因素排序

次序	1	2	3	4	5
障碍因子	C12	C32	C5	C22	C9
障碍度	11.80	9.93	6.45	6.33	5.97

表12　2018年甘肃省农村“三产融合”发展的指标层障碍因素排序

次序	1	2	3	4	5
障碍因子	C12	C32	C6	C19	C5
障碍度	17.82	13.83	13.19	12.26	9.21

由表 10 可知，2009 年影响甘肃省农村“三产融合”发展的主要障碍因子指标依次为：森林覆盖率（6.64%）、乡村非农就业比例（5.74%）、农村每万人拥有农民专业合作社数量（5.71%）、设施农业面积占耕地面积比重（5.24%）、休闲农业年接待旅游人次（5.14%）。可见，2009 年，影响甘肃省农村“三产融合”发展的最大障碍因子是森林覆盖率，说明该时期甘肃省生态环境水平较低，严重制约了农村产业融合发展水平的进一步提升，可能的原因在于前期甘肃省较为重视经济发展水平和农业产出效益的提高，忽视了对生态环境的保护，单纯依靠资源要素投入的粗放式发展方式对生态环境造成了破坏。此外，影响甘肃省农村“三产融合”发展的重要障碍因子是乡村非农就业比例，说明该时期我省农村“三产融合”发展带来的经济效益不明显，带动农户增收能力有限，可能的原因在于我国农村产业融合发展政策的正式提出时间较晚，早期国家政策对农村产业融合发展的关注度不高，农村产业融合发展处于萌芽阶段，经济效益较低。

由表 11 可知，到 2014 年，森林覆盖率不再是影响甘肃省农村“三产融合”发展的最大障碍因子，而且排名前五的障碍因子与 2009 年相比，发生了较为明显的变化，其中，影响农村产业融合发展的最大障碍因子转变为水土流失治理率（11.80%），其次是环保投入占财政支出比重（9.93%），影响程度最小的制约因子与 2009 年相同，仍为休闲农业年接待旅游人次（5.97%）。由此可知，2009—2014 年，我省农村“三产融合”发展的主要障碍因子随着时间的推移呈不断变化状态且2014年甘肃省农村“三产融合”发展的主要障碍因子处于农业多功能性发挥二级指标中，重要障碍因子处于生态效益中，主要和重要障碍因子的转变说明我国农业发展逐渐走向依靠挖掘农业多种功能、多重价值和重视生态环境保护的可持续发展阶段。

由表12可知，2018年，甘肃省农村“三产融合”发展最主要的制约因子仍为水土流失治理率（17.82%），且障碍度值比2014年提高了6.02个百分点，重要制约因子仍为环保投入占财政支出比重（13.83%），比2014年提高了3.9个百分点，最小制约因子转变为第一产业产值占地区生产总值比重（9.21%）。这说明当前甘肃省农村“三产融合”发展的主要障碍因子和重要障碍因子与2014年相同，均处于农业多样性发挥和生态效益两个二级指标中，也说明甘肃省要进一步促进农村产业融合发展，应不断创新发展理念，大力推动“互联网+现代农业”的发展，结合各地区特色资源优势，探索农村产业融合发展的新模式，打造生态农业、戈壁农业、休闲农业等农业新产业、新业态，充分挖掘农业新功能、新价值，促进农业产业多业态复合发展。此外，甘肃省应积极强化并贯彻落实“两山”理念，加强水土流失治理和绿色农业发展，重视农村产业融合发展的生态效益。

六、甘肃省农村“三产融合”赋能全面乡村振兴的对策建议

（一）加深和拓展农村“三产融合”的深度和广度

1. 提升产业链质效

延伸产业链和补齐产业链短板是推进“三产融合”的关键。一是积极推进农业产业结构调整，在保证粮食生产的前提下，合理布局和规划农副产品种植，避免大面积出现同质产品。充分挖掘甘肃省“牛羊菜果薯药”特色产业的优质单品进入甘味品牌目录；提升农产品深加工的科技含量，打造“网红”单品，提升附加值助力农民增收。二是加快数字赋能产业链，探索现代信息技术在产业链上的应用，对农业生产资料供应、农产品生产加工、气象灾害预防、营销管理以及品牌打造等环节进行优化改造。另外，通过新媒体向新型农业经营主体、农民等的智能终端推送农业知识、产品动态价格等信息，减少信息不对称，为他们提供有效的信息以指导生产和经营。三是加强农产品冷链流通体系建设，打造“一小时冷链物流”和“三小时冷链物流”的低温配送圈层，升级保鲜、分级包装、低温配送等环节，保障生鲜农产品质量。四是加强培育“甘味”品牌，不断拓展“甘味”品牌的影响力，特别是在东西部合作地区共同打造联合品牌，开拓个“甘味”品牌产品的重点营销地区。探索“甘味”品牌与大型零售企业的合作，进入零售企业的营销渠道。积极开展新媒体营销扩大品牌影响力。

2. 打造功能多元的“三产融合”模式

农业的多功能性与全面推进乡村振兴的价值取向趋同，深挖农业的多功能性与全面推进乡村振兴战略不谋而合。打造甘肃特色的“三产融合”模式是赋能全面推进乡村振兴战略的“甘肃路径”。

首先，甘肃有悠久的历史，沉淀形成了独特的农耕文化，要继承优秀传统农耕文化，挖掘农耕文化元素和非物质文化，比如将乡土民俗、地方建筑、文化风情和非物质文化技艺、传统美食等与农业相结合，积极推进农文旅融合。习近平总书记深刻指出，要适应城乡居民消费需求，顺应产业发展规律，立足当地特色资源，拓展乡村多种功能，向广度深度进军，推动乡村产业发展壮大。一方面，要推进农文旅融合模式的创新，这包括项目创新、业态创新和场景创新，把农业生产方式以及实际生活需求和中国式现代化发展结合起来，促进文化、艺术、体育、娱乐、演艺与农业、商业、旅游、休闲、集镇、公共服务深度融合，发展地方特色鲜明、文化内涵突出、乡镇协同一体的农文旅项目业态集群。还要积极开展数字赋能，提高乡村农文旅融合的数字化应用场景和业态。另一方面，要有效提升产品和服务质量。从服务需求侧入手，提升服务的体验感，增强服务场景的体验质量，强调产品的收获感。打造农文旅融合的服务规范和标准，推动基础设施和服务的标准化。强调创意在产品方面的比重，开发受众面广、广泛聚焦的甘肃特色的创意特色产品，成为区域产业集群的重要龙头，有效带动就业，放大乡村资源效应。加强服务能力培训，形成服务领域的“甘肃标杆”。积极开展品牌化营销，在区域公共品牌以外，还要增加甘肃特色农耕文化与休闲、康养和旅游相结合的特色品牌，多元传播渠道，与客户建立深厚的客群情感联结。

其次，创新生态农业模式。树立和践行绿水青山就是金山银山的理念，结合甘肃生态保护的实践，创新生态农业模式。积极发展绿色循环农业发展体系，提高环保新技术在现代农业产业体系建设中的应用，进一步优化养殖业产业结构，创建国家农业现代化示范区、国家有机产品认证示范区。提升秸秆利用率。改善地膜、尾菜的后期处理。把农业产业现代化与生态环境保护、美丽乡村建设和科学研究结合起来，结合甘肃特色的“寒旱农业—生态循环—绿色有机—甘味品牌”的路径，创新以现代农业为中心的发展新模式和新业态，与第二、第三产业结合，发展“农业＋加工业＋旅游服务业”“农业＋科学研究”等新模式。通过“三产融合”助力美丽乡村建设，改善人居环境，把农业的生态性功能发挥出来。

3. 农村“三产融合”实施差异化发展

河西地区应以资源和经济优势为基础，统筹区域协调发展，加强资源整合，通过提高农业科技化水平、培育和发展龙头企业、不断延伸农业产业链、充分挖掘农业多功能性、打造地域特色农业品牌、不断扩大企业规模和发挥规模效应等方式进一步推动农业与第二、第三产业的深度融合和发展；中部和东南地区应立足于资源和政策条件，制定符合自身实际的农村产业融合发展目标、发展方向以及发展模式，进一步提高农业技术水平，合理利用资源，不断优化资金的投入和产出结构，完善农业生产和发展条件，加强人才队伍和管理机构建设，积极推动其与效率较高的河西地区在农村产业融合发展过程中的合作与交流。

（二）打通农村“三产融合”堵点促进资源要素流动

1. 加强各项政策支持提升要素禀赋

一是确保农村“三产融合”用地保障。土地保障是推进农村“三产融合”发展的重要支撑，各级政府要优先考虑农村产业融合发展的刚性用地需求，在政策上、资金上予以适当的、合理的倾斜和扶持。第一，坚持规划先行。各级政府在制定农村土地利用总体规划方面，要优先考虑预留农村产业融合发展项目用地指标，例如生态园、科技园、产业园等建设用地计划指标。第二，坚持统筹兼顾。各级政府要因地制宜，科学规划和实施土地年度利用计划对涉及农产品加工、绿色食品集散地、乡村生态旅游、民族风情餐饮等与农村产业融合相关联的项目，超前预留和单列用地指标，加大政策扶持和重点倾斜，以确保农村产业实现高效融合发展。第三，坚持深化改革。各级政府要充分认识推进农村“三产融合”发展中土地相对短缺的实际问题，加大农村土地制度改革力度，重点是在集体建设用地改革、废弃地利用等具体改革方面实现突破，有效解决产业融合发展中的用地问题。第四，坚持突出效率。要围绕实现农村“三产融合”高效发展这一目标，不断提高农村土地综合利用效率，进一步完善土地流转制度，针对不同类型农户设计科学、差异化的农地流转政策，促进土地规模化经营，不断完善农户农业生产用地的退出和进入机制，逐步实现土地承包经营权合理、有序、高效流转。

二是加强财政税收政策支持。财政税收支持政策是确保农村“三产融合”可持续发展的重要支撑和保障。首先，统筹使用涉农资金，形成整体合力。各级政府要加强宏观调控，突出农村产业融合发展重点，农业综合开发资金、扶贫资金、农田水利建设资金、乡村振兴资金等要向农村产业融合发展项目倾斜，确保农村产业融合发展项目如期建设完成。其次，立足多元投入，实现产业融合发展。采取多种方式，多渠道、多领域筹集农村产业融合发展资金，在逐年加大财政资金投入的前提下，鼓励和引导社会资本、金融资本投资农村产业融合发展项目，构建多元化资本投入格局。最后，强化杠杆调节，落实优惠税收政策。充分利用和发挥税收在加快农村产业融合发展过程中的杠杆调节作用，制定落实税收优惠政策，加大对农村产业融合发展项目的税收减免和政策扶持，为农村产业融合发展提供优惠税收政策保障。

三是完善金融保险政策支持。完善多元化金融保险服务是甘肃省农村“三产融合”实施的重要保障。第一，放宽金融机构在农村区域准入政策，支持各类新型农村金融机构，如村镇银行、贷款公司、资金互助社等在产业融合领域规范发展。第二，充分发挥企业债权融资作用，鼓励符合准入条件的农村产业融合企业通过债务融资工具进行低成本、小额度的直接融资。符合条件的农业产业化龙头企业可发行、销售企业债券或者在新三板上市融资。第三，积极支持农村土地承包经营权及农民住宅财产权贷款新体制、新模式。第四，使政策性农业保险成为农村产业融合发展的保障措施，使特色农产品目标价格保险和重要农产品进口保险的范围不断扩大，并将二者列入中央财政补助目录。第五，建立中央特色农产品保险费补贴制度，鼓励建设特色农产品保险试点。第六，鼓励地方保险机构开展业务创新，推广小额贷款保障保险以及农业保险保单质押等多类涉农贷款担保产品，增加农村产业融合项目的流动性。

2. 健全和完善利益联结机制扩大利益共享范围

一是建立稳定的利益联结机制。在尊重农民意愿的前提下，根据各地不同的“三产融合”的产业特色，找准和挖掘当地资源能够实现共同致富的点，健全农户与经营主体间的利益联结机制，在入股、分红等方面适当向农民倾斜。大力发展多种利益联结的合作模式，鼓励在产业链上交叉持股，引入外部投资等，鼓励农户以多种方式入股，形成风险共担、利益共享的共同体，培养农户对经营管理者的信任感，通过建立信任关系和强有力的约束保障机制来稳定已形成的利益联结关系。

二是加快完善订单农业合作方式。进一步规范合同内容，严格合同管理，鼓励支持新型农业经营主体与普通农户签订保价合同，并按收购量进行二次返还或结算。构建城乡要素双向流动体制机制，完善各项农业补贴机制；通过鼓励小农户积极参与土地流转、与新型农业经营主体建立合作关系等方式提高农业发展的规模化和农户的组织化水平。积极推广股份制或股份合作制利益联结方式，提升农户的市场交易地位与收入，保障农户和经营组织能够合理共享“三产融合”发展的红利。

3. 促进农村“三产融合”发展内部各要素系统耦合协调发展

农村“三产融合”发展是一个系统的、复杂的多要素协同发展的动态过程，在追求农村产业融合发展整体水平不断提高的同时，应高度重视其系统内部各要素间的耦合协调发展，防止出现不均衡、不协调的发展势头。第一，重视构建农业与关联产业融合互动和融合发展效益间相互促进的推动机制，统筹两大子系统的耦合协调发展，既重视农村“三产融合”发展行为互动，也提高对农村“三产融合”效益的重视程度，推动两者均衡稳步发展。第二，重视农业产业链延伸、农业多功能性发挥和农业服务业融合发展三者间的耦合协调发展，积极推动其均衡有序发展，使其形成一致合力，产生强大的推力。第三，重视农村“三产融合”发展的经济、社会以及生态效益间的耦合协调发展，应将农村“三产融合”的生态效益放在首位，然后以经济效益为中心，社会效益为目标，推动三者耦合协调发展。

（三）健全服务体系夯实农村“三产融合”基础

1. 强化有关基础设施建设

基础设施建设是服务体系中的重要组成部分。近年来，我国农村基础设施建设取得了巨大的成就，但是就甘肃省而言，其与发达地区相比还是有一定的差距，这成为制约甘肃省农村“三产融合”的因素之一。

一是要加快交通基础设施建设，借助国家战略，提高高速公路和高铁的覆盖，对于县域公路开展翻新，提升交通的承载能力。进一步完善城乡交通资源融合整合，提高城乡公共交通的互联互通水平。

二是加快信息化建设，借助甘肃省“东数西算”的优势，降低信息化成本，着力提升5G技术、信息化等在农业领域的应用，大力推进智慧农业，促进电子商务与农业融合深度。

三是做好电子商务发展的配套设施，在村村通快递的基础之上，加快仓储的基础建设，如建设本地仓等，提高“最后一公里”的服务效率，降低物流成本。

2. 加快建设农村“三产融合”的服务平台

结合甘肃省农村“三产融合”的现实情况，积极建设信息化服务、科技创新和产权交易的平台，丰富农村“三产融合”的服务内容。建立信息化服务平台，支撑农业与其他产业的联通融合，促进农业信息化建设的成果向其他行业发散。通过平台建设提升农民使用现代信息化产品的能力和水平，进而提高农民的综合素质。把信息技术嵌入到生态农业的可持续发展中。政府牵头建立科技创新平台引入大学等科研机构，做实科技特派员机制，深入开展产学研之间的协作，积极推进成果转化。大力开发支持农业产业化发展的新技术，加大针对“三产融合”的科技奖励。产权交易平台应将地区数据打通，比如将“西和模式”在甘肃省推广。鼓励土地流转入市，特别是宅基地的流转，这是促进农村“三变”改革的重要基础，可以提高农民“三产融合”的参与度。积极利用甘肃省地方股权交易中心资源，帮助新型农村经营主体完善公司治理结构，利用现代金融手段开展股权和债权融资，引进优质参与方，达到多元融资目的，有效提升新型农村经营主体金融可获得性。建设“甘味”品牌产品交易平台，不但能够体现价格发现功能，促进产品快速交易，还能够为后续各项服务提供数据，更好地为拓展各项服务和产品创新提供支撑。

（四）激活经营主体动能加快“三产融合”进程

1. 激活微观经营主体活力

农村“三产融合”的主体是各个微观主体，包括龙头企业、合作社、家庭农场等，激活这些微观主体的活力会加快“三产融合”的进程，起到示范引领作用。

一是引导家庭农场发挥比较优势，发挥家庭农场“小而精”的特点，结合不同地区的发展优势，聚焦各个家庭农场的主业，细化参与产业链，在融合的关系中发挥配套作用的功能，凸显家庭农场的特色。

二是完善合作社治理结构。明确合作社的农民所有权，明确社员的权利和义务，严格按照合作社章程建立运行机制。发挥合作社集体经济的优势，积极对接其他经济主体，开展“农校对接”“农企对接”“农超对接”等直销渠道，不断扩大经营范围，增强自身的综合实力，提高服务水平，在当地农村构建起生产、加工、销售、物流、服务等多个环节一体化经营，扩大农产品销路。

三是壮大龙头企业。利用政策引导支持龙头企业提质增效，下沉经营，实现农产品深加工、精加工和本地化。发挥龙头企业的技术优势和品牌市场优势，开展“龙头企业＋合作社＋家庭农场（农户）”的良性互动，通过交叉持股、下沉有效服务、搭建融合平台等构建新型联动关系，主体分工协作、优势互补，打造联合品牌，增强市场竞争力，加速产业融合发展进程，克服小农户和大市场之间的矛盾。

2. 扩大和提升人力资源供给数量和质量

人才是推进农村“三产融合”的核心，也是全面推进乡村振兴的核心。《中国乡村振兴综合调查研究报告2021》指出，农村人口老龄化问题严峻，乡村振兴的人力资本仍然不强，农业劳动力的素质和结构对农业农村现代化和乡村振兴提出了挑战。扩大人力资源供给数量和质量对于促进农村发展有着决定性的作用。

一是开展多样化的农民培训。随着农村“三产融合”的持续推进，新的业态和场景需要新的技能，所以非常有必要通过培训提升农民的综合素质和技能水平，让他们掌握现代管理知识、现代农业科技知识和产业融合经营模式以及创新思维能力。一方面要创新培训模式。政府可联合职业院校编写适宜地区发展的培训教材，开发特色课程，做好师资队伍建设规划，兼顾农民生产实践，通过“理论学习＋线上学习＋现场实践＋跟踪服务”的方式开展培训，特别是要重视现场实践和一对一、多对一、一对多等形式的指导服务，切实解决农民遇到的技术难题，确保培训取得实效。另一方面，健全回访和考核机制。建立一套完整的课中反馈机制和课后评价体系，在开展培训过程中，通过手机端交互软件搭建师生交流平台，及时向学院反馈问题，授课教师可根据反馈的问题调整教学内容和教学方法。培训结束后，可以开展教学评价，不但对课程开展评价，还可以根据学习需求进行不定期回访，形成持续性强、互动性活跃的回访和考核机制，进而找到农民学习的痛点，达到提升培训效果的目的。

二是引导创新创业人才回流农村。农村人才缺乏问题比较严重，因此要加强人才队伍建设，构建良好的营商环境和外部氛围。出台相关激励政策，提供一些优惠条件，为回乡创业就业人才给予省级层面的激励政策，还要出台地区无差异化的激励政策，积极引导创新创业人才回流农村参与农业产业现代化。

参考文献

［1］黄祖辉，胡伟斌．全面推进乡村振兴的十大重点［J］．农业经济问题，2022（7）：15－24.

［2］孟凡钊，董彦佼．乡村振兴背景下农村产业融合的现实意义和实现机制［J］．农业经济，2022（6）：12－14.

［3］刘敏楼，姚畅，叶蓉，刘熹微．乡村振兴战略背景下农村一、二、三产业融合：理论框架与发展对策［J］．河北农业大学学报（社会科学版），2022，24（4）：77－86.

［4］陈池波，李硕，田云．中国农村一、二、三产业融合度与

省际比较分析［J］. 农业工程学报，2021，37（2）：326－334.

［5］张来武. 产业融合背景下六次产业的理论与实践［J］. 中国软科学，2018（5）：1－5.

［6］谭明交. 乡村振兴与中国农村三产融合发展［J］. 技术经济与管理研究，2020（7）：94－98.

［7］周立，李彦岩，罗建章. 合纵连横：乡村产业振兴的价值增值路径——基于一、二、三产业融合的多案例分析［J］. 新疆师范大学学报（哲学社会科学版），2020，41（1）：63－72＋2.

［8］刘国斌，李博. 农村三产融合与现代农业发展分析［J］. 农业现代化研究，2019，40（4）：621－628.

［9］冯伟，石汝娟，夏红，耿晴晴. 农村一、二、三产业融合发展指标体系研究［J］. 湖北农业科学，2016（21）：697－701.

［10］李芸，陈俊红，陈慈. 农业产业融合评价指标体系研究及对北京市的应用［J］. 科技管理研究，2017，37（4）：55－63.

［11］陈盛伟，冯叶. 基于熵值法和TOPSIS法的农村三产融合发展综合评价研究——以山东省为例［J］. 东岳论丛，2020，41（5）：78－86.

［12］贺雪峰. 乡村振兴战略的辩证法［J］. 决策，2019（10）：9.

［13］廖彩荣，翁贞林，郭如良，黄季焜，陈美球，尹琴. 乡村振兴战略：“五个振兴”、制度创新与国际经验——“乡村振兴专题论坛”综述［J］. 农林经济管理学报，2018，17（5）：622－628.

［14］荆勤忠，王永锋. 乡村振兴战略视角下农村“三产”融

合发展的实践与思考——基于甘肃省定西市的调研［J］. 甘肃金融，2018（9）：52－57.

［15］梁伟军. 我国现代农业发展的路径分析：一个产业融合理论的解释框架［J］. 求实，2010（3）：69－73.

［16］叶谠，余忠，张丽芳，王梓茜. 产业融合、业态变更与乡村“新经济”内在机理——基于多案例分析［J］. 商业经济，2021（4）：143－147.

［17］孙正东. 加快培育联合体打造紧密新联盟［J］. 农村工作通讯，2015（20）：47－49.

［18］姜长云. 协同推进产业融合与科技创新［J］. 中国中小企业，2021（9）：63－64.

［19］郑风田，阮荣平，杨惠莲. 鼓励新型农业经营主体实现适度规模经营［N］. 经济日报，2018－12－19（011）.

［20］吕岩威，刘洋. 推动农村一、二、三产业融合发展的路径探究［J］. 当代经济管理，2017，39（10）：38－43.

［21］姜晶，崔雁冰. 推进农村一、二、三产业融合发展的思考［J］. 宏观经济管理，2018（7）：39－45.

［22］王兴国. 推进农村一、二、三产业融合发展的思路与政策研究［J］. 东岳论丛，2016，37（2）：30－37.

［23］刘海洋. 农村一、二、三产业融合发展的案例研究［J］. 经济纵横，2016（10）：88－91.

［24］王丹玉. 农村一、二、三产业融合的路径研究——以湖北

省潜江市为例［J］. 企业科技与发展，2018（7）：31－32.

［25］李乾．国外支持农村一、二、三产业融合发展的政策启示［J］. 当代经济管理，2017，39（6）：93－97.

［26］李红霞，汤瑛芳，沈慧，陈文杰．甘肃省农村产业融合发展模式及对策研究［J］. 农业科技管理，2019，38（6）：75－79.

［27］金立民．乡村振兴背景下兰州市农村产业融合发展模式与路径选择研究［J］. 兰州职业技术学院学报，2022，38（4）：13－15＋19.

［28］马亚飞，吕剑平．甘肃省农村一、二、三产业融合发展模式探索——比较案例研究［J］. 资源开发与市场，2020，36（5）：517－521＋549.

［29］张玉英，吕剑平．基于“三农”及城乡融合四维度的农业农村现代化发展水平评价——以甘肃省为例［J］. 南方农村，2021，37（5）：18－26.

［30］柴青宇．黑龙江省农村产业融合发展水平评价及其路径选择研究［D］. 东北林业大学，2021.

金融支持甘肃省全面推进乡村振兴路径选择

党的二十大提出“全面推进乡村振兴”，金融作为重要的生产要素在助力全面推进乡村振兴过程中扮演着重要角色，但是也存在一定的短板，即金融支持方式有待进一步创新、金融生态环境需要持续改善、保险参与深度和广度不够、农村生产要素盘活缓慢。通过金融机构加强创新、营造良好的金融生态环境、深挖保险机构潜力和盘活农村生产要素等措施能够提升金融支持甘肃全面推进乡村振兴的效能。

一、引言

党的十九大提出实施乡村振兴战略以来，甘肃省结合实际，深入贯彻乡村振兴战略，有效衔接脱贫攻坚和乡村振兴战略，取得了丰硕的成果。在资金投入方面，坚持财政资金和金融信贷“两轮驱动”，安排财政贴息 81 亿元，撬动金融机构信贷资金投入脱贫攻坚，累计为 144.23 万贫困户发放扶贫小额贷款 647.39 亿元，截至 2023

年第一季度甘肃省涉农贷款余额 8020 亿元；在特色农业产业发展方面，“牛羊菜果薯药”六大产业蓬勃发展，培育产业合作社 10.12 万家，农业类龙头企业 3000 余家，形成“市场牵龙头、龙头带合作社、合作社联农户建基地”的发展格局，充分带动就业，有效帮助农民增收。积极拓展优质农产品外销，打造“甘味”品牌，农产品“难卖”问题得到有效解决。在产业质量提升方面，积极推进产业融合，挖掘地方优势，“农旅融合”和“文旅融合”成为乡村新的产业支柱，超过 1 万家新型农业经营主体成为乡村振兴的主力军。党的二十大提出“全面推进乡村振兴”，甘肃省以强烈的使命感和责任感，深入贯彻党的二十大精神，相继出台《关于实现巩固拓展脱贫攻坚成果同乡村振兴有效衔接的实施意见》《甘肃省乡村振兴促进条例》等政策全面推进乡村振兴。

二、金融支持甘肃全面推进乡村振兴的机制

金融要素在支持乡村振兴发展过程中扮演着重要的角色，在助推延长农业产业链条和价值链条、扩大产业范围、提升产业功能、帮助农民增收等方面都取得了一定的成绩，随着乡村振兴战略不断深入，加强金融创新显得十分必要。特别是乡村振兴发展过程中出现的新需求、新产业、新业态和新主体，都需要金融要素创新金融产品，满足差异化需求，丰富金融供应链的内涵和外延，这是促进农村地区高质量发展的重要途径之一。

（一）金融创新促进农村产业升级

全面推进乡村振兴就是要改变农村发展不平衡不充分的现状，特别是要处理好粮食生产与非粮食生产之间的关系，处理好小农户和新型经营主体之间的关系、处理好乡村振兴和新型城镇化之间的关系等，而这一切的关键是优化农村产业结构，促使农村产业跟随新发展阶段积极开展供给侧结构性改革，向着积极融入新发展格局的方向优化结构。金融作为重要的生产要素也积极开展产品创新与服务创新并且适应产业升级，积极发展数字金融、绿色金融和普惠金融等，创新适应地区和产业发展的金融产品赋能农业产业升级。比如围绕玉米制种和脱毒马铃薯制种产业开展金融支持制种产业高质量发展，通过创新供应链、金融链，提供全场景、全链条、全产品、全客户的金融服务，推动深化制种企业与农户的利益联结链，有效打通制种农户、农民合作社和经销商等之间的关系，积极推广“银行 + 制种企业 + 基地（合作社）+ 农户”等模式，推出“特色产业贷”“陇原农担贷”等产品。2021 年，张掖玉米制种面积增至 80.9 万亩，占全国近三成。安定区脱毒马铃薯制种种植户均增收超 2000 元。另外，金融创新有效扩大了产业规模，比如在牛羊产业相对发达的地区开发“肉牛养殖抵押贷款”和“育肥羊”产品，推出“政府贴息 + 银行贷款 + 保险保障 + 养殖大户”和“再贷款 + 银行 + 担保 + 龙头企业 + 合作社 + 农户”联农带农模式支持养牛产业扩大规模。

（二）金融支持有助于提升农村公共服务水平

缩小城乡公共服务水平的差距，提升农村公共服务水平是全面推进乡村振兴战略的关键点，由于甘肃省财政缺口较大，这就需要金融支持农村公共服务发展。结合甘肃省现状，提升农村公共服务水平的重中之重是农村基础设施的建设和人居环境的优化。政策性金融支持有效补齐了基础设施建设投资周期长、收益率低的短板。比如，国家开发银行通过“百县千亿”专项金融服务支持垃圾分类和焚烧发电、农村厕改、污水处理厂等项目建设，提升了农村公共服务水平；国家开发银行甘肃分行在临夏支持当地建设了垃圾处理焚烧发电体系，有效改善当地 47.28 万人口的人居环境。国家开发银行甘肃分行还提供中长期贷款，直接支持新建农户房屋 864 户，改建农户房屋 759 户，彻底解决农村“改厨、改厕、改炕”等问题，并对集中连片新建示范点的水电路、给排水等基础设施进行配套建设，为人居环境提升注入了源头活水。另外，数字金融也通过科技赋能为农民提供了支付结算、信贷保险等便捷服务，有效弥补城乡之间的金融服务缺口，打通金融服务“最后一公里”，有效提升农民的金融服务可获得性。

（三）金融支持有效巩固脱贫成果

脱贫攻坚成果来之不易，坚决守住脱贫地区和脱贫群众不发生规模性返贫和增强内生发展动力是全面推进乡村振兴战略的基础。国家开发银行甘肃分行通过向脱贫群体发放贴息贷款、优惠贷款等方式来支持发展生产和稳定收入。此外，为有效降低易地搬迁和安置脱贫群体发展生产的金融成本，提升金融可获得性，国家开发银行甘肃分行支持安置区建设 1000 座高标准大棚，建设现代丝路寒旱农业示范基地，直接带动周边5000多户脱贫农户就业。利用政策性保险产品守住因病返贫底线，礼县实行“政府主导、社会经办、框定人数、总额投保”模式，采取“政府+保险+农户”的保障方式，为全县监测对象购买低收入人口兜底保险、人身意外险和因病因灾救助保险，收到良好效果。“保险+期货”服务模式、气象指数保险等也为产业发展提供化解风险的途径。

三、金融支持甘肃全面推进乡村振兴的制约因素

近年来，甘肃省金融机构积极推动供给侧结构性改革，在运行体制、产品服务、监督管理等方面积极开展创新支持乡村振兴战略，金融机构重视县域网点的业务再造，在创新金融产品和优化服务方面作出积极努力，在盘活农村生产要素、优化农村金融生态环境和激活农村金融市场方面取得一定成绩，有力推动乡村振兴战略在甘肃省的深入贯彻。与此同时，我们也应该看到金融供给的有效性不能满足和匹配农村金融的实际需求，对照发达地区还有一定的差距，金融支持甘肃省全面推进乡村振兴还存在一些制约因素。

（一）金融支持方式有待进一步创新

一方面银行类金融机构发放涉农贷款，主要紧盯产业龙头和优质合作社，对农户和小微企业的支持不足，究其原因是历史发展惯性导致其存在信用环境差、贷款管理难度大和抵押物不足等情况，这导致银行类金融机构开展创新的积极性不高。另一方面非银行金

融机构在县域开设网点不足，深入调研不够，对于农业金融实际供给只是单一的政策性金融支持，对于现代金融工具如参与资本市场、信托租赁等推进几乎空白，金融产品的供给不够多元，导致农业风险过度依赖政策性保险；反之，又影响金融机构开展创新。

（二）金融生态环境需要持续改善

一方面信用约束机制不健全，主要表现在有关部门的协同深度不够，没有形成一套适应甘肃省农村的信用预警机制和信用跟踪机制，商业银行使用滞后数据信息开展业务，导致“道德风险”和“逆向选择”情况发生较多，后续贷款催收成本增加，也影响商业银行积极性，造成农村信用环境的进一步恶化。另一方面，相关信用管理机制不健全，没有出台针对性较强的地方法律法规，导致正规金融机构追偿不良贷款成本居高不下，有的甚至被迫放弃追偿，其他农户也会纷纷效仿，导致农村金融生态进一步恶化。

（三）保险参与深度和广度不够

甘肃省涉农保险发展相对缓慢，主要推进的是政策性保险业务，针对特定的品种开展，保单缺乏弹性，灵活性不强。商业性质的保险业务开展缓慢，风险覆盖面有限，针对价格波动，天气指数等方面的险种匮乏。“保险 +”业务处在试点阶段且推进速度缓慢。保险行业资金对接进入甘肃省的县域资金数量相较发达地区有一定的距离。

（四）农村生产要素盘活缓慢

一方面是合格有效抵押物比较缺乏，结合甘肃省实际，农村经营主体规模较小，缺乏大型设备厂房等有效抵押物，农户更是缺乏。土地作为重要的生产要素，由于各项政策限制，流转速度慢，导致宅基地和自建房不能合法有序地进入抵押市场，直接降低了信贷主体的可获得性。另一方面，新型农业经营主体发展规范程度不够，还处在初级阶段，比如法人治理结构不完善、信息披露机制缺失、主营业务规模较小等也影响了金融机构主动开展金融产品创新。

四、金融支持甘肃全面推进乡村振兴的路径优化

（一）金融机构加强创新

以“强县域”战略为契机，银行类金融在原有的产品基础上结合近年来发展的新金融需求场景，了解新型农村经营主体的金融需求，特别是以培育新型农村经营主体的内生动力为导向优化金融机构在县域服务的产品矩阵，积极支持优质经营主体打造产业化联合体和优化治理结构，尝试扩大供应链金融产品组合在县域经济发展过程中的适用范围。积极推动业务模式创新，引入保险机构、融资担保公司、财政资金、社会资本等建立收益共享、风险共担机制，不断缓解涉农产业的流动性约束。积极发挥绿色贷款的杠杆效应，结合甘肃农业产品绿色化程度高的实际情况，大力支持绿色项目，引导更多的资金进入。制定一系列倾斜政策，建立金融风险预警体系，加大金融风险处置，进一步降低和化解县域金融风险。完善农村融资租赁市场，引入租赁主体和扩大融资租赁范围，探索地区特

色的融资租赁模式服务现代农业产业。

（二）构建良好的金融生态环境

中国人民银行牵头，联合多部门推进金融生态数字化建设，在现有征信系统基础上利用数字技术、大数据技术等进一步挖掘县域经济发展的大数据，形成有效的数据信息链并将其提供给金融机构，加大科技赋能信用风险评估技术，降低道德风险和“逆向选择”。创新信用宣传方式，加深对信用建设的理解，地方政府、民间组织、商业银行联合建立以资产负债评价为主，加入农户综合素质、家庭和睦等软性指标的信用评分体系，为银行类金融机构提供尽职调查的底层逻辑支持，有效降低信用风险。

（三）深挖保险机构潜力

探索保险示范区建设，提升保险机构数字化水平，加大与农业产业的融合程度。进一步优化营商环境，扩大“保险招商”，吸引更多的保险资金进入甘肃，投入乡村振兴建设中。健全政府救灾机制与政策性保险理赔相结合的风险化解机制，有效化解农业巨灾风险。在巩固价格保险、产量保险、收入保险、天气指数保险等政策性保险的基础之上，积极发展适应本地区的“保险+”模式，满足农村发展现实需求。加深与国内商品交易所合作，创设马铃薯、花椒、苹果、百合等甘肃特色农产品的期货品种，扩大“保险+期货”模式范围，利用现代金融手段有效规避价格风险。

（四）激活农村生产要素

积极结合当地实际，盘活资产类要素、权证类要素和人力类要素。开展以农村自建住房和宅基地使用权为基础的抵押贷款创新业务，重新确认土地承包经营权的流转价值，以此为支撑点，盘活农业产业链价值，开展将经营主体、农村物权、农业保单纳入抵押质押范围的混合担保模式，不断扩大贷款抵质押范围，进一步激活农业用土地的经营权流动属性和融资功能。针对劳模、优秀共青团员及党员先锋、非物质文化遗产项目传承人与乡村振兴领头人、大学生创业者、妇女创业者、新农民创业者等人员，创新专属信贷产品，推进产品创新、服务创新，赋能乡村振兴。

参考文献

[1] 吕霞. 凝聚各方力量 同心共战贫困 [N]. 甘肃经济日报，2020-11-30 (001).

[2] 邵姝静. 农村金融助推甘肃乡村产业振兴路径研究 [J]. 北京财贸职业学院学报，2021，37 (1)：15-23.

[3] 薛小飞. 金融支持乡村振兴的实践与思考 [J]. 银行家，2022 (12)：70-72.

[4] 刘音妤，牛艳艳，李丹萍，谢晓娜. 甘肃金融业 做好助力乡村振兴大文章 [J]. 中国金融家，2022 (8)：110-111.

[5] 姜海洋. 以高质量金融服务助力甘肃乡村全面振兴 [J]. 甘肃金融，2022 (5)：4-5.

[6] 谢晶晶. “十四五”乡村振兴需激发农村发展新动能

[N]. 金融时报，2021-01-25（012）.

［7］苏海琴. 人民银行兰州中心支行“四措并举”助力重点县乡村产业振兴［N］. 甘肃经济日报，2022-06-24（001）.

甘肃保险精准扶贫的实践、模式与政策优化研究

扶贫与保险具有天然的内在联系，保险所具有的功能作用及独特优势，使依托保险机制开展精准扶贫，具有理论上的合理性和实践上的可行性。保险化解风险的属性与脱贫攻坚的目标高度契合，保险已经融入扶贫的大局当中，成为地方政府开展脱贫攻坚工作的有效政策工具；保险业创新保险险种，开拓保险产品外延，有效扩大扶贫资源供给，使贫困农户的金融获得性增强，助力脱贫攻坚从“输血”变为“造血”。

保险体系在助推脱贫攻坚中具有经济补偿（保障）、增信和融资的职能。一方面保险能兜住贫困人口生产生活风险，防止因病、因自然灾害、因意外事故致贫返贫；另一方面保险能撬动及整合政府和其他金融机构的扶贫资源，破解金融在进农村推广风险大、成本高以及农户“贷款门槛高、贷款难、贷款贵”的难题，进而助推贫困人口和贫困地区社会经济协同发展，实现助推脱贫攻坚。实证研

究也表明，我国在开展保险扶贫过程中，政府的补贴政策和保险业的主动作为，使“保险的损失补偿效应”与“保费的资产侵蚀效应”产生正向叠加效应，这表明，保险业开展精准扶贫不但能解决贫困，还能够守住扶贫成果，防止“返贫”。我国在保险扶贫方面的探索，为世界减贫工作提供了有益的中国经验。

甘肃省保险精准扶贫的实践取得了积极的成果。保险精准扶贫已融入甘肃地方政府扶贫大局，已成为甘肃省政府扶贫的重要政策工具，有效提升了扶贫工作的资源配置效率。甘肃省在保险精准扶贫实践探索的过程中，通过完善制度建设协同形成脱贫攻坚合力，激发机构担当，提高农险服务质效、扩大保险覆盖面。聚焦甘肃精准扶贫实际，开展保险多元扶贫以及保险精准扶贫服务下沉，提升服务效率，形成了一批具有鲜明甘肃特色的农产品保险。

党的十八大以来，在以习近平同志为核心的党中央领导下，脱贫攻坚工作取得优异成绩。新时代同样也面临着艰巨的考验，新要求需要保险业担当更大责任。

一、引言

（一）研究背景

党的十八大以来，在党中央精准扶贫工作的推进过程中，从2013到2017年的5年时间，平均每年农村的贫困人口减少都超1000万人，5年来累计脱贫6853万人，贫困发生率从2012年底的10.2%

下降到2017年底的3.1%，精准扶贫工作取得显著成绩。但是，剩下的贫困人口贫困程度较深，减贫成本更高，脱贫难度更大，334个深度贫困县贫困发生率达11.3%，1.6万个深度贫困村超过20%，中国扶贫开发已进入啃“硬骨头”、攻坚拔寨的冲刺期。

针对贫困人口的主要致贫原因，在政策设计和工具运用上实现“精准施策”是完成2020年脱贫任务的关键。国务院扶贫办建档立卡数据显示，我国农村地区脱贫攻坚始终面临两大挑战：一是因病致（返）贫，二是因灾致（返）贫，分别占到贫困人口的42%和20%，已成为我国农村家庭贫困最主要的两大诱因（国务院扶贫办，2017）。通过政府救助、直接补贴等转移支付方式带来的减贫效果是有限的，难以有效地针对疾病、灾害等致贫因素（姚洪心、王喜意，2009），而作为防范和化解风险的重要手段，以医疗保险和农业保险为代表的保险政策，能够有效提升农村地区贫困人口抵御疾病风险和农业风险的能力。防止因病致（返）贫、因灾致（返）贫，应该成为中国精准扶贫的重要工具，在防范和化解脱贫攻坚的风险中具有不可替代的作用（郑伟、贾若，2018）。

甘肃省作为国家重点贫困地区，也是保险扶贫工作深耕的重点地区。总结保险扶贫减贫工作经验，有助于拓展行业发展空间、增强发展后劲，为更好地服务乡村振兴战略和服务“三农”工作起到一定的借鉴作用，为保险机构开展业务创新提供可期的积累。

（二）理论和实际应用价值

1. 甘肃保险精准扶贫的理论研究，具有学科领域的创新性、前

沿性和综合性

解决贫困问题需要有化解风险的保障机制，甘肃省地处西部落后地区居民收入增长缓慢，贫富收入差距较大、扶贫对象广泛，居民抗风险能力较差。甘肃省委、省政府将大病保险、农业保险等纳入甘肃省精准扶贫“1 +17”政策体系。研究和总结如何借助保险手段提高居民抗风险能力进而促进甘肃贫困地区经济发展，有助于贯彻和落实国家“十三五”规划中提出的“全力实施脱贫攻坚”精神以及为《中共中央、国务院关于打赢脱贫攻坚战的决定》提供相关政策优化建议。同时，有助于丰富和完善保险学和扶贫理论。

2. 甘肃保险精准扶贫的实践研究，具有较强的现实性、针对性和实用性

我国自然灾害发生的频率日渐增加，农业的发展面临着很高的危险系数，不利于农业生产的发展。与此同时，针对贫困地区的农户来说，其主要生活来源主要是依靠土地收成，而自然灾害的发生会导致其收入减产，造成贫困。扶贫工作中在针对此种情况，合理利用农业保险采取精准的保障措施，推动保险精准扶贫，对国家、农民以及保险业具有十分重要的意义。保险能够有效防止因灾、因病致贫和返贫，保险是扩大扶贫资源供给的重要途径。保险助力精准扶贫具有机制、服务、资金等方面的优势，其保障功能有助于提升贫困地区风险管控能力；调节功能有助于促进贫困治理方式创新；融资功能有助于向贫困地区“输血”并促进“造血”；杠杆功能有助于增强扶贫资金的使用效果。

（三）研究思路

项目研究立足于保险学、管理学和发展经济学的理论，广泛挖掘、科学吸收已有的理论成果，以适合的研究结果为起点，充分认识和客观评价脱贫攻坚和精准扶贫的宏观背景和保险支持重要性。在此基础之上，归纳和总结包括“精准扶贫、保险支持、保险扶贫机制与脱贫攻坚”等概念理论分析框架，揭示脱贫攻坚和保险之间的关系。通过走访调研甘肃省脱贫攻坚发展过程中保险支持的现状和困境，分析保险扶贫的具体案例，剖析在保险扶贫发展过程中的关联机制、存在的问题和提出破解策略，以此为借鉴，为保险支持脱贫攻坚工作提出对策，也为保险扶贫的路径选择提供理论支持。在理论演绎和经验分析的基础之上，结合甘肃实际和国家战略，对保险机制创新和保险支持路径选择提出具有可操作性的一系列政策建议。

（四）研究方法

1. 以数理分析和统计检验为基础的定量分析方法

在保险与脱贫攻坚互动关系和实证部分的研究中，使用定量分析方法。运用相关经济学理论及计量经济学理论构建数理模型演绎脱贫攻坚发展与保险之间的关系，找出保险扶贫的合理路径。

2. 以文献研究法和比较分析法为基础的定性分析方法

在理论分析部分使用文献研究方法，对文献进行定性分析和理论研究，通过文献研究比较分析国内其他地区保险扶贫工作的经验，为甘肃省保险扶贫提供借鉴，结合实际，得出基本研究结论。

3. 调查法

通过走访相关金融部门和扶贫工作部门，搜集保险在扶贫过程中的相关资料，总结脱贫攻坚阶段甘肃保险扶贫的状况、问题和困境。

4. 观察法

通过观察与交流了解相关保险部门和扶贫部门在扶贫工作中的态度。

（五）研究目标

1. 从保险学、发展经济学和管理学三维视角综合研究

从保险支持与区域内产业发展以及扶贫之间的关系与影响方面，分析保险支持对甘肃省脱贫攻坚的影响。考察扶贫产业发展对甘肃省保险体系构建和完善的内在机制与基本逻辑影响的基础上，以甘肃省保险产品的微观数据，定量测度保险扶贫的绩效影响及其经济后果。

2. 系统讨论保险扶贫的体制机制

总结现有的理论研究基础和实证研究基础，从理论上解释保险支持对扶贫的重要性及其发挥的作用，用实证的方法测度保险扶贫的效应和保险对扶贫产业的影响程度，明确保险与扶贫之间的关系，阐明保险扶贫机制的创新和保险扶贫模式的改进及突破的机理。

3. 通过理论研究和案例研究提出适合甘肃省保险精准扶贫的政策建议

使用计量的方法讨论保险扶贫的产出效应和保险结构的变化与

改进方向，找出甘肃保险扶贫的发展制约因素，以此为基础，提出既能弥补保险扶贫体系建设不足又符合甘肃省实际情况的保险扶贫路径的阶段性对策和一系列政策建议。

（六）国内外研究及发展趋势

风险是普通家庭致贫的主要原因，保险的本质是经营和管理风险，这也是金融扶贫的重要组成部分，因而保险扶贫也成为金融扶贫和普惠金融的重要组成部分和体现。具体而言，保险的保障功能可以增强贫困人口抵御风险冲击的能力，有助于实现稳定脱贫和防止返贫；保险的增信功能可以帮助贫困人口应对“贷款难、贷款贵”问题，有助于激发贫困人口的内在发展动力；保险的融资功能可以填补贫困地区经济发展的资金缺口，有助于促进贫困地区特色产业发展（郑伟等，2018）。保险的上述功能兼具开发式扶贫与保障式扶贫双重作用，保险在脱贫攻坚阶段发挥着重要作用，对提升脱贫质量和打赢脱贫攻坚战意义重大。在新的阶段，扶贫方式从“粗放式”向“精准式”转变，风险的类型也有所转变，这就需要保险扶贫转向“精准扶贫”（郑瑞强，2016）。甘肃省委、省政府出台《完善农业保险制度促进农收入持续较快增长》《关于加强农业保险基层服务体系建设的通知》助力保险精准扶贫。学者们以普惠金融扶贫为理论基础，探讨保险扶贫的机制和模式。

保险扶贫主要核心问题是如何提高农业人口的抗风险能力，在农村，农户的主观风险认知和偏好对购买农业保险具有显著的影响；客观风险的存在是促进农业保险产品创新的主要动力（闫继蕾，

2016）。保险精准扶贫过程中要采取“政府+公司”、政策性保险等模式让保费降低，切实让这一群体“买得起”保险（李倩，2016）。另外，保险产品创新是保险精准扶贫深度和广度的关键所在。发展微型保险可以更好帮助保费敏感人群（郑晓玲，2015），比如小额人身保险是对社会保障保险的有益补充，不但可以提高农民抗风险能力，还能够防止城市脱贫人口返贫（陈勋等，2015）；探索小额信贷保险制度的建立是对金融扶贫的保障和助推器，可以有效降低扶贫资金的风险（刘俊，2013）；加强保险机构的基层组织建设是保险精准扶贫的重要基础，要找准保险工作对扶贫开发的着力点，大力推进惠农扶贫、产业扶贫、资金扶贫、民生扶贫、救灾扶贫，使保险服务能更好地惠及贫困地区的群众（潘波，2015）；保险精准扶贫已经成为政府精准扶贫的重要工具，融入政府扶贫工作的大局之中，要进一步加大保险精准扶贫力度，使保险业更好地助推甘肃省边远贫困地区、民族地区和革命老区精准扶贫和精准脱贫（焦清平，2016）。

对保险扶贫实证方面的研究主要集中在以下三个方面：一是采用理论模型、数值模拟或者实证分析的方法评估保险能否减贫及其效果。比如基于破产理论建立有无保险情形下的家庭资产随机损失模型，数值模拟结果显示，与无保险相比，保险只能降低资产较多家庭的陷贫概率（KovacevicandPflug，2011）。Hamidetal（2011）采用孟加拉国截面数据，实证估计小额健康保险的减贫效果，发现小额健康保险在短期内对贫困无明显改善作用。孙武军和祁晶（2016）

构建理论模型分析得到，富裕家庭购买保险后陷贫概率显著下降，贫困家庭购买保险后陷贫概率变化具有不确定性，取决于家庭对保费的敏感程度。二是定性分析保险在精准扶贫中的功能价值。潘国臣和李雪（2016）基于可持续生计框架分析脱贫的关键要素及其风险管理，认为保险可以有效化解脱贫攻坚中的多种风险。张伟等（2017）指出农业保险扶贫不仅可以解决自然灾害导致的贫困，还能够放大扶贫资金使用效益，激励贫困人口主动进行农业生产。三是总结分析各地保险扶贫实践情况。冯文丽等（2016）、李琴英（2018）分别对河北阜平和河南兰考保险扶贫的做法和成效进行了详细分析。

通过以上研究，可以看出保险精准扶贫的理论研究相对较少，相关研究比较零散，少有文献系统地考察甘肃省近年来保险精准扶贫的主要经验，也很少有学者从制度创新的视角提炼甘肃省保险精准扶贫的实践与探索，这就为本研究提供了可选方向。本研究立足于已有的理论分析与实证，重点考察近年来甘肃省保险业在精准扶贫工作中的制度性实践与探索，力求总结和梳理出保险业精准扶贫的经典案例、实施路径与成功模式，为西部其他欠发达地区引导保险资金参与“三农”工作提供参考思路和推广经验。

二、保险助推脱贫攻坚的体系

保险的扶贫功能主要表现在两个方面。一方面保险能兜住贫困人口生产生活风险，防止因病、因自然灾害、因意外事故致贫返贫；另一方面保险能撬动及整合政府和其他金融机构的扶贫资源，破解金融在农村推广风险大、成本高以及农户贷款门槛高、贷款难、贷款贵的难题，进而助推贫困人口和贫困地社会经济协同发展，助推脱贫攻坚。回顾我国2011年以来政府发布的支持保险参与扶贫开发和助推脱贫攻坚的政策文件，在总结我国农业保险、大病和补充医疗保险、保险创新支农融资方式等实践探索的基础上，归纳出保险扶贫体系的3个支柱，也是保险体系在助推脱贫攻坚中的三个主要职能：经济补偿（保障）、增信和融资。

（一）保险助推脱贫攻坚的系列政策

2011年以来，我国政府发布了一系列支持保险参与扶贫开发和助推脱贫攻坚的政策文件（见表1），相关政策强调要完善涉农或扶贫保险产品与服务，从而缓解因病因灾致贫返贫问题；相关政策将保险扶贫定位于金融扶贫的重要组成部分，强调保险扶贫在防范和化解脱贫攻坚的风险中具有不可替代的作用。《关于做好保险业助推脱贫攻坚工作的意见》要求，针对贫困地区与贫困人口差异，根据致贫原因和脱贫需求，分类开发、量身定制保险产品和服务，全方位兜住贫困人口生产生活风险和推动金融资源流向贫困地区。具体而言，在农业保险方面，立足贫困地区资源优势和产业特色，根据各个贫困地区的实际需求，开展特色优势农产品保险，开发目标价格保险、天气指数保险、设施农业保险，采用“保险＋期货”模式等；健康保险方面，大病保险通过降低起付线、放宽报销范围、提高报销比例等向贫困人口予以倾斜，加强基本医保、大病保险、商业健康保险等的衔接，鼓励保险机构开发面向贫困人口的商业健康保险产品；民生保险方面，开发保障适度、保费低廉的意外伤害、疾病和医疗等扶贫小额人身保险产品。产业脱贫保险服务方面，发展扶贫小额信贷保证保险，通过农业保险保单质押等方式拓宽保险增信路径，探索推广“保险 + 银行 + 政府”多方信贷风险分担补偿机制，创新保险资金运用方式。

表 1　　我国政府出台关于扶贫工作的政策文件

时间	文件	发布机构	主要内容
2011 年 11 月	《中国农村扶贫开发纲要（2011—2020 年）》	国务院	完善中央财政农业保险保费补贴政策；鼓励贫困地区发展特色农业保险
2013 年 12 月	《关于创新机制扎实推进农村扶贫开发工作的意见》	中共中央办公厅、国务院办公厅	推广小额信用贷款保险，扩大农业保险的覆盖面
2014 年 3 月	《关于全面做好扶贫开发金融服务工作的指导意见》	中国人民银行、财政部等 7 部委	鼓励发展特色农业保险、扶贫小额保险，扩大特色种养业险种；积极探索发展涉农信贷保证保险
2015 年 11 月	《中共中央、国务院关于打赢脱贫攻坚战的决定》	中共中央、国务院	积极发展扶贫小额贷款保证保险，扩大农业保险覆盖面，支持贫困地区特色农产品保险发展

续表

时间	文件	发布机构	主要内容
2016 年 3 月	《关于金融助推脱贫攻坚的实施意见》	中国人民银行、原中国保监会等 7 部委	创新精准扶贫保险产品和服务，扩大贫困地区农业保险覆盖范围
2016 年 5 月	《关于做好保险业助推脱贫攻坚工作的意见》	原中国保监会、国务院扶贫办	精准对接脱贫攻坚多元化保险需求，充分发挥保险机构主体作用，完善保险支持保障措施，完善保险服务工作机制
2016 年 12 月	《关于加快贫困地区保险市场体系建设提升保险业保障服务能力的指导意见》	原中国保监会	优化保险机构资源配置，聚焦民生领域精准对接脱贫攻坚的保险需求
2017 年 9 月	《关于支持深度贫困地区脱贫攻坚的实施意见》	中共中央办公厅、国务院办公厅	提高保险服务水平，加快发展多种形式的农业保险，适当降低贫困户保险费率
2017 年 12 月	《保险扶贫统计制度（试行）》	原中国保监会	统计与建档立卡贫困人口生产生活密切相关的农业保险、大病保险、健康保险和意外伤害保险等业务数据

（二）保险扶贫体系三大支柱：经济补偿（保障）、增信和融资

三支柱保险扶贫体系有两个主要目标：一是全方位兜住贫困人口生产生活风险，防止因病、因灾、因意外事故致贫返贫；二是低

成本盘活农户资产，破解融资难、融资贵问题，同时引导保险资金流向贫困地区，促进贫困地区发展。

支柱一经济补偿（保障）：以农业保险和大病保险为核心的保险扶贫保障支柱。从农业保险看，2016 年为 2.04 亿户次农户提供风险保障 2.16 万亿元，向 4575 万户次受灾农户支付赔款 348 亿元，是国家农业灾害救助资金的 10 倍，成为农户恢复生产的重要资金来源（陈文辉，2017）。2016 年 1 月至 2017 年 10 月，原保监会先后支持 6 家保险公司在 13 个省份开展扶贫农业保险试点，开发出 70 个涉及 43 种农作物的特惠专属扶贫农险产品（邵绛霞，2017），有效地保障了当地农业产业发展。从大病保险看，截至 2017 年底，共有 16 家保险公司在全国 31 个省（区、市）承办大病保险业务，覆盖城乡居民达 9.7 亿人，累计为 1100 多万人支付赔款 300.90 亿元；大病保险患者实际报销比例在基本医保的基础上提升了 13.85 个百分点，整体报销比例达到 70%。有些地区（比如江西赣州、云南大理）还针对建档立卡贫困人口开展了补充医疗保险，通过政府全额支付保费的方式将个人医疗费用自付比例降至 10% 以内。此外，大力推进民生保险，农村居民和“农民工”小额人身保险参保人数超过 9000 万人次，保障金额超过 1.4 万亿元（陈文辉，2017），较好地解决了因意外事故致贫返贫问题。

支柱二增信：以小额贷款保证保险和农业保险保单质押为核心的保险扶贫增信支柱。2016 年，小额贷款保证保险试点已在河北、湖南、云南等 26 个省份的近百个城市启动，支持农户和小微企业获得银行融资315.9亿元（邵绛霞，2017）。在农业保险扶贫最具代表性的河北省阜平县，2016年共有7127户农户利用农业保险保单质押向当地银行申请贷款6.33亿元，贷款规模是2015年的4倍。保险扶贫增信支柱解决了贫困农户缺乏合格抵押物的难题，使其可以低成本、便捷地获得银行信贷资金，通过自主创业逐渐实现脱贫。

支柱三融资：以保险资金支农融资和直接投资为核心的保险扶贫融资支柱。中国人民保险集团设立250亿元支农支小融资产品，在河北、陕西、河南等省份开展“农业保险+扶贫小额信贷保证保险+保险资金支农融资”试点，帮助贫困人口便利地获得免担保、免抵押、优惠利率的小额资金。截至2016年底，中国人保支农支小融资产品累计放款36.5亿元，服务贫困户在内的“三农”和小微企业5.6万户，覆盖全国27个省（市、区），平均单笔融资规模6.5万元。2016年，中保投资公司联合多家保险公司设立了规模为100亿元的中国保险业产业扶贫投资基金，一期募集资金10亿元，截至2017年底，已分别向河北省阜平县和贵州省惠水县的产业扶贫项目投资5000万元。

三、保险助力脱贫攻坚的理论分析

（一）保险助力脱贫攻坚的内在机理

1. 保险化解风险的属性与脱贫攻坚的目标高度契合

贫困人口群体普遍具有风险的高脆弱性，基本丧失抵御风险能力，一场自然灾害或者意外事故都可能导致贫困群体直接进入深度贫困，无外生力量帮助，甚至可能形成贫困的“代际传承”。保险具有互助性的特点，通过收取保费构建保险基金，对少数遭遇风险损失的微观主体进行经济补偿。为社会提供风险保障，对自然灾害和意外导致的损失给予经济补偿，是保险存在的基础和核心价值的所在。精准扶贫就是对贫困的扶助，是一种外生力量对风险的抵御，这与保险互助的特点一致。

在助力脱贫攻坚过程中，增强贫困群体抵御自然灾害和意外风险的能力就是保险扶贫的重要原则，开发适宜贫困群体的保险产品就是精准扶贫的抓手，能够做到“精准”和“滴灌”，确保贫困群体在遭受损失之后仍能够开展自救和快速恢复再生产，成为脱贫攻坚的稳定器。

保险业在扶贫过程中，还具有较强的“杠杆效应”，能够帮助政府通过保费补偿风险损失，达到用较少的资金（保费），办成“大事”（补偿风险损失），在较长的时间和更深的空间里优化资源配置，更用科学的方法化解风险，助推脱贫攻坚工作开展。

既有研究表明，以医疗保险和农业保险为代表的政策保险成为防范和化解风险的重要途径，显著提升了贫困农村地区人口抵御疾病风险和农业风险的能力，防止了因病致贫和返贫、因灾致贫和返贫，政策保险应该成为我国精准扶贫的重要工具，在精准扶贫过程中具有不可替代的作用（郑伟等，2018）。国家推行的新型农业合作保险等保障机制能够通过降低医疗现金自付比例和保障重大医疗支出等方式，为贫困人口直接或间接起到缓解贫困作用，有效降低农村家庭脆弱性，减贫效果明显（齐良书，2011）。农业保险在覆盖面扩大的过程中起到了稳定农民收入和促进农民消费的作用，在反贫困方面发挥了积极作用（邵全权，2017）。

多年来，各地在推进保险精准扶贫过程中，保险险种从最初的农业保险，逐步扩大到大病保险、健康保险等；多地结合当地实际，探索出了适宜本地脱贫攻坚的可行性路径，创新保险险种，开拓保险产品外延，推出“保险+期货”“健康保险+财产保险”等模式。2016年以来，保险扶贫覆盖从保险产品转向保险的需求、服务、机构主体作用以及数据统计等方面。在实践中形成了很多具有代表性的保险扶贫实践，比如河南省兰考地区“保险+扶贫”、河北省阜平地区“政府+保险+银行+农户（企业）”、云南省大理地区健康保险的医疗费用“一站式报销”、宁夏回族自治区的“脱贫保”和甘肃省农业保险的“一揽子保险”等。

2. 脱贫攻坚工作需要保险深度参与

从多年的保险精准扶贫实践来看，保险已经融入扶贫的大局当中，成为地方政府开展脱贫攻坚工作的有效政策工具。商业保险因地制宜的创新保险机制和产品服务，充分发挥了保险在创新方面的牵引作用和示范效应，与地方脱贫攻坚行动展开联动，成为反贫困体系的重要组成部分，纳入贫困地区减灾防损和参与构建民生保障的社会治理体系中。通过与政府扶贫资源统筹，有效地发挥了保险的功能作用，成为政府脱贫攻坚工作的重要政策工具之一（焦清平，

2014）。

贫困群体的致贫原因也是保险参与脱贫攻坚的主要动因。需要从宏观层面和微观层面考察贫困群体致贫的主要原因。宏观层面主要是该群体所处的地理位置、气候条件、资源禀赋等，这些致贫原因需要多元化的扶贫手段；而微观层面的致贫原因主要包括遇到自然灾害、家庭成员发生重大疾病、子女升学、农产品市场出现巨大价格波动、家庭劳动力缺乏以及技术获得困难等原因。宏观层面的致贫原因是微观致贫的诱因，脱贫攻坚过程中，利用多元化的政策工具能够明显改善宏观致贫原因，比如易地搬迁等手段，而微观层面的精准扶贫工作需要有效的外生力量。保险是国际公认的防止因病致贫返贫的“良方”，特别是提供的医疗类险种，包括基本医疗险、大病险及商业补充健康险等产品都是防止因病致贫返贫的有效工具和手段（李新光、祝国平、付琼，2019）。保险能够精准消化扶贫过程中释放出来的风险保障需求，通过提供的各种保险产品和服务，在疾病、发生意外、自然灾害、融资增信等方面给予全面化和多层次的保障。

贫困的发生也是一个随机动态的过程，需要一个动态管理风险的机制。保险独特的服务特点，比如第一时间现场勘查，第一时间精准赔偿也契合了这一动态过程，能够精准地甄别出受灾程度，受灾范围等，通过保险快速的甄别能够为政府部门有效地筛选出扶贫帮扶的对象。另外，贫困群体的主观因素也对保险提出了需求，比如产业扶贫，贫困群体由于认知水平和技能掌握程度低下，对市场有畏难情绪，不敢大胆尝试，保险产品提供的成本价格损失保险产品和效益保障类保险为贫困农户提供了相应的双重保障，形成了价值兜底，从而使贫困农户发展生产的信心得到提升，发展产业的主观能动性大幅提升，扶贫效果的联动效果凸显。

3. 保险有效扩大扶贫资源供给

保险在助力脱贫攻坚过程中主要发挥了三个重要职能：保障、增信和融资。从多年保险业扶贫的实践来看，在发挥微观层面的增信和宏观层面的融资职能的过程中，保险有效地扩大了扶贫资源的供给。通过保险的产品创新，贫困农户在发展产业过程中，“造血”能力增强，收入普遍增加，资产单一的情况得到改善，进而有了合格的抵押物，再加之有小额贷款保险的支撑，金融机构对于贫困农户的抗风险能力得到认可，为贫困农户降低了小额贷款的门槛，使贫困农户的金融获得性增强，进一步提升了再生产要素禀赋边界，助力脱贫攻坚从“输血”变为“造血”。保险在发挥融资职能过程中，具有保险资金数量相对较大，使用期限较长的特点，能够为贫困地区的基础设施建设、重点项目和民生工程通过多元化的金融手段提供足够的资金，打通社会资金与扶贫资金的通道，达到推进当地产业转型和升级、有效夯实产业基础、改善致贫宏观环境的目的。

保险具有的专业性也能够为贫困地区普及金融知识和风险知识，增强贫困群体的风险防范意识。保险公司帮助农产品找市场，搜集信息，起到“扶志”的作用。“扶志”的作用主要表现在三个方面：

一是保险运行的契约精神有助于潜移默化地影响贫困地区的信用环境；二是购买保险后，用遭遇损失得到快速赔偿恢复再生产，比起救助，更具尊严感；三是保险的市场运行模式和规范的管理，与财政救助资金相比较几乎不会滋生“寻租”现象，老百姓的获得感和公平感会更多。

（二）保险扶贫的优势

与财政补助、社会保险、民政救助等传统扶贫方式相比较，保险扶贫具有一定的优势。

1. 与财政补助扶贫的比较

财政补助是政府重要的扶贫手段，但财政补助资金毕竟有限，难以满足脱贫攻坚的需要。而与财政补助相比，保险能提高扶贫对象精准性、放大财政扶贫资金使用效益和填补财政扶贫资金缺口，能较好地解决财政扶贫不足的问题。

首先，贫困人口大多是因病因灾致贫返贫，保险的本质是风险保障，保险赔款是对受灾贫困人口进行精准补偿，可以避免出现“撒胡椒面”和“大水漫灌”的现象，因此扶贫对象更精准。其次，通过大数法则和保险风险分散机制，用一部分财政扶贫资金补贴保费可以起到放大杠杆的作用，贫困人口一旦遭受损失就能获得远大于财政保费补贴的赔付，从而放大财政扶贫资金的使用效益。最后，保险资金可以在基础设施、重点产业、民生工程建设等方面为贫困地区提供融资支持，填补财政扶贫资金与脱贫攻坚资金需求之间的缺口，促进贫困地区经济发展。

2. 与社会保险扶贫的比较

与社会保险相比，保险能提高扶贫对象精准性、扩大风险保障范围、提高风险保障水平和增强贫困人口“造血”能力。社会保险在脱贫攻坚中发挥着基础性的兜底保障作用，但其“保基本、广覆盖”的特征更多体现的是普惠性。政府如果在社会保险之上更好利用商业保险，将更有利于达成精准扶贫、精准脱贫目标。第一，保险没有广泛覆盖目标，可以只针对某一特定群体定向服务，比如建档立卡贫困人口，同时还可以根据扶贫对象的变化进行动态调整，因此更具精准性。第二，保险可以提供涵盖生产生活的全方位风险保障方案，防止贫困人口因病因灾致贫返贫，弥补了社会保险只保障生活风险而无法保障生产风险和意外风险的不足。第三，保险能在社会保险基本保障之上进一步提高风险保障水平，增强贫困人口抵御风险的能力。比如，政府为贫困人口购买商业补充医疗保险，在基本医疗保险和大病保险报销后再次对医疗费用进行报销，使贫困人口自付比例降至可承受范围内。第四，保险具有增信功能，通过将保险引入扶贫金融链条可以帮助贫困人口便捷获得贷款，打破农业生产资金制约，激发贫困人口内生发展动力，从而较好地解决社会保险只能治标而不能治本的弊端。

3. 与民政救助扶贫的比较

与民政救助相比，保险能弥补年度内民政救助预算资金因损失波动带来的缺口，因而在机制上更具稳定性。民政救助资金来源于财政预算，如果年内救助次数陡增或资金消耗过大，年底就可能会出现救助资金不足、保障水平下降的情况，导致一些受灾对象无法得到及时救助。而保险以契约形式明确了各方的权利义务，可以确保所有保障对象自始至终得到稳定一致的保障，避免出现遭受损失而无法获得补偿的现象，因此机制更加稳健。

与“单纯政府”运行机制相比，“政府＋市场”的扶贫机制在专业能力、机构人员、分担部分政府职能等方面具有优势。第一，保险机构专门从事风险管理，在灾害预防、灾后救助、社会治理等方面经验丰富，有助于提升贫困地区各级政府在风险前、风险中、风险后各个环节的管理能力。第二，保险机构网点分布较广，有一大批扎根基层、熟悉民情的保险从业人员，在农村地区也有大量兼职人员，查勘定损和保险理赔效率高，能够为贫困人口提供及时便利服务。第三，保险引入扶贫开发可以有效提升财政扶贫资金使用效益，优化贫困地区公共服务，增强贫困地区和贫困人口抗风险能力，既体现了政府在扶贫开发中的主导作用，又充分调动了保险机构的积极性，从而减轻政府管理压力和提升政府治理水平，使政府将工作重心放在政策制定、业务监督、社会托底方面，体现出政府调控的优势。

（三）保险扶贫的中国政策经验及其理论框架

1. 保险扶贫的中国政策经验

2013—2016 年，中国农业保险累计提供风险保障 7.46 万亿元，共支付赔款 1546.88 亿元；医疗大病保险已覆盖城乡居民 9.66 亿人，超过 800 万人直接受益。医疗保险和农业保险的不断完善，无疑成为保险助力脱贫攻坚的两大利器，在防止因病致（返）贫、因灾致（返）贫方面发挥了积极作用，但保险扶贫政策的实践发展与政策预期尚存在较大差距。

从农村医疗保险政策的减贫视角来看，2003 年，中国针对农村人口启动了新型农村合作医疗（新农合）制度的试点，采取个人缴费、集体扶持和政府资助的方式筹集资金。2010 年，该制度已基本覆盖全国农村居民。从“新农合”发展的政策效果看，一方面，新农合财政补助标准逐步提高，从 2003 年试点实施时的人均 20 元到 2010 年每人每年 120 元，大幅提高到 2017 年的每人每年 450 元；另一方面，新农合保障待遇水平逐步提高，2016 年门诊费用报销比例达到 50%，住院费用报销比例达到 75%。与此同时，为减轻患大病家庭的医疗支出负担，国家从 2012 年起推出新农合大病保险试点，参合农民患大病产生高额医疗费用的，根据新农合政策对其进行补偿后，对自付费用再进行二次补偿，在原有报销基础上将报销比例又提高 10%~15%。2016 年，国务院印发《关于整合城乡居民基本医疗保险制度的意见》，要求整合“新农合”和城镇居民基本医疗保险两项制度，建立了统一的城乡居民基本医疗保险（城乡居民医保）制度。随着覆盖范围的不断扩大和保障水平的稳步提高，农村医保政策在保障农民享有基本医疗卫生服务、提升医疗保障和健康水平等方面发挥了积极作用。然而，尽管在缴费上中央财政对参保农民的补助标准已向中西部地区倾斜，以尽可能减少困难县（市、区）的负担，而在统筹补偿上，重点提高县、乡、村级医疗机构医药费用和使用中医药有关费用的补偿比例，力图缓解农民患大病的医药费负担，但由于农村医保政策实行属地管理，筹资方式、报销的起付线、封顶线和报销比例等在同一属地范围内（如同一省市）都是统一的标准，未能充分考虑该不同区贫困人口的实际情况，医保政策精准扶贫的效果无法体现。而对照统一的医保保障报销标准，不同人群的贫富差距会造成医疗服务利用的不平等，对低收入阶层医疗服务利用的需求拉动不足，医疗保健支出负担的减轻作用和健康状况的改善作用不甚明显，也无法拉动其扩大教育、促进培训等人力资本投资类非医疗消费。农村贫困人口“看病难、看病贵”问题依然存在，“因病致贫、因病返贫”问题依然没有得到很好解决。为保障农村医保政策能够精准对接贫困人口，2016 年 9 月，国务院实施健康扶贫工程，以提升农村贫困人口医疗保障和健康水平。在此背景下，各地、各部委相继出台医保扶贫的相关特惠政策。如陕西省西安市于 2017 年 6 月出台《新农合健康扶贫政策》，针对农村贫困人口执行“三免两降两提高”政策。“三免”即参加新农合的贫困人口参合缴费由政府资助、门诊统筹中的一般诊疗费全额报销、推行“先诊疗、后付费”。“两降”即在社区卫生服务中心、乡镇卫生院及一级协议医疗机构住院就诊，不设起付线，合规费用全额纳入报销；大病保险起付线由 10000 元降至 3000 元。“两提高”即参合贫困人员报销比例提高 10 个百分点，最高不突破 90%；3 类 38 种门诊慢性病封顶线提高 20%，参保贫困人员Ⅰ类、Ⅱ类、Ⅲ类门诊慢性病封顶线分别调整为 24000 元、9600 元、6000 元。2017 年 4

月，原卫计委、财政部发文要求将贫困人口大病保险起付线降低50%，将农村贫困人口大病实际报销比例提高到90%以上。2018年3月，原保监会下发通知，建档立卡贫困户意外伤害保险和商业型农业保险的执行费率可在备案费率的基础上再降低10%~30%。在相关政策的支持下，倾斜性医保支付和报销政策的扶贫效果初步显现。据原卫计委数据统计，2016年，贫困人口住院实际补偿比达到67.6%，74%的贫困县初步实现了县域内先诊疗后付费，有效减轻了农村贫困人口看病就医费用负担。

从农业保险政策的减贫视角来看，2007年，按照“政府引导、市场运作、自主自愿、协同推进”的原则，中央财政实施了农业保险费补贴政策，为投保农户提供一定的保费补贴，引导和支持其参加农业保险。2016年，中央财政拨付农业保险保费补贴资金158.30亿元，同比增长7.47%，是2007年的7倍多，带动全国实现农业保险保费收入417亿元，为2.04亿户次农户提供风险保障2.16万亿元，玉米、水稻、小麦三大口粮作物承保覆盖率已超过70%，承保农作物品种达到211个，基本覆盖农、林、牧、渔各个领域。目前，中国农业保险业务规模仅次于美国，居全球第二位，其中养殖业保险和森林保险业务规模居全球第一位。农业保险在提高农业抗灾减灾能力、促进农民增收、维护国家粮食安全等方面正发挥着重要作用。然而，尽管中央财政结合区域、险种情况实施了差异化补贴政策，逐步提高了中西部地区的补贴比例，缓解了地方财政的支出压力，稳定了农户收入，但这也导致农业保险的赔款支出对政府的财政补贴依赖较高，仅2007—2014年，中央财政已累计拨付农业保险保费补贴资金564.14亿元，占到农业保险风险赔款支出（854.04亿元）的66.06%（周才云等，2017）。而且，中央财政农业保险保险费补贴是按照保险费的一定比例提供补贴，财政资金受限将使补贴险种的保险金额规模无法有效扩大，“低保险金额、高补贴比例”的补贴政策难以覆盖农户承担的全部农业风险。此外，相关补贴政策主要针对农作物生产地区（如产粮大县等），加之农业保险品种设计不精准、保险品种偏少，难以满足经营集约化、特色化农产品农户的多样性保险需求，暴露出补贴目标模糊、“撒胡椒面”、搞平均主义等问题，未能充分考虑贫困地区以及贫困农户的利益和实际情况，极大影响了补贴的精准性和指向性，农业保险政策精准扶贫的效果无法体现，“因灾致贫、因灾返贫”问题依然没有得到很好解决。为保障农村农业保险政策能够精准对接贫困人口，针对贫困地区和贫困人口，各地、各部委相继出台降低农业保险费率、放宽投保门槛限制等农保扶贫的特惠政策。2018年3月，原保监会下发通知，深度贫困地区财政补贴型农业保险的保险费率在已降费20%的基础上，再降低10%～30%。

2. 保险扶贫的中国政策经验的理论框架

贫困脆弱性是测度贫困的前瞻性指标，考虑了与未来福利相关的风险因素，将现在是否贫困与未来是否贫困相联系，用于度量负向冲击导致个人或家庭未来福利下降的可能性（世界银行，2000）。描述贫困脆弱性的主流方法是Chaudhuri等提出的“期望贫困的脆弱性测度”（VEP），即个人或家庭在 t 期的贫困脆弱性为福利水平低于某个临界值的概率。根据资产贫困理论，家庭资产积累路径上存在一个临界值，资产低于临界值的家庭陷入贫困，资产高于临界值的家庭摆脱贫困。由此，我们用重大疾病、农业自然灾害、重大自然灾害等负向冲击导致家庭资产低于资产临界值的概率来度量一个家庭的贫困脆弱性。可以将初始时刻资产低于临界值的家庭称为贫困家庭，将初始时刻资产高于临界值的家庭称为脱贫家庭。

从中国保险扶贫实践看，贫困家庭的保费一般由政府全额补贴，不对其消费和资产积累产生影响，资产临界值不变；脱贫家庭的保费需要自己负担全部或一部分，在保持基本生活消费水平不变的情况下，只能通过减少可增值资产来支付保费，从而使资产临界值相应提高。这是因为脱贫家庭可增值资产是高于临界值的资产，为了体现购买保险会使脱贫家庭可增值资产减少，我们将有保险情形下的资产临界值设定为无保险情形下的资产临界值加上家庭需要负担的保费。如果脱贫家庭拥有的可增长资产低于需要支付的保费，就不具备购买保险的经济能力，也就不会购买保险。

脱贫家庭购买保险会降低资产积累规模，遭受负向冲击后剩余资产低于资产临界值的可能性增大，从而提高贫困脆弱性，我们将此称为“保费的资产侵蚀效应”。购买保险后，当家庭遭受负向冲击，保险会对受损资产给予一定比例赔偿，使家庭剩余资产低于资产临界值的可能性减小，从而降低贫困脆弱性，我们将此称为“保险的损失补偿效应”。因此，保险能否降低脱贫家庭的贫困脆弱性，取决于“保险的损失补偿效应”与“保费的资产侵蚀效应”的强弱。

对于贫困家庭，保费由政府全额补贴使保费的资产侵蚀效应为零，而保险的损失补偿效应为正，所以二者净效应为正，此时保险能降低贫困脆弱性，即保险能助推脱贫。在保险扶贫实践中，贫困家庭的保费通常是政府给予全额补贴，对于脱贫家庭，保险的损失补偿效应也为正，但是如果政府不给予保费补贴，则保费的资产侵蚀效应为负，此时保险可能提高也可能降低其贫困脆弱性。由于保费的资产侵蚀效应大小取决于家庭资产量，资产越多的脱贫家庭，购买保险对其可增值资产的影响越小，保费的资产侵蚀效应也就越弱，那么保险的损失补偿效应就越有可能大于保费的资产侵蚀效应，即保险有助于守住脱贫成果。

保费补贴和降成本（增加保费补贴比例和降低保险附加费率），可以扩大保险降低脱贫家庭贫困脆弱性的惠及范围，有助于促进保险更好守住脱贫成果。保费补贴比例增加和保险附加费率降低，使边缘脱贫家庭与稳定脱贫家庭的分界线逐渐向贫困临界资产水平移动，越来越多的脱贫家庭能够通过保险降低贫困脆弱性。此外，从保险机制看，在单纯的比例保险机制下，高保障意味着高费率，高赔付比例保险在降低稳定脱贫家庭贫困脆弱性的同时，提高了边缘脱贫家庭的贫困脆弱性；在多样化的保险机制下，免赔保险机制更有助于降低稳定脱贫家庭的贫困脆弱性，比例保险机制更有助于降低边缘脱贫家庭的贫困脆弱性。

四、保险助力脱贫攻坚的实证分析：甘肃数据

（一）数据来源

本书以甘肃定西、甘南、临夏住户和有关保险公司为主要调研对象，利用学生暑期的入户调研，最终共计回收了 280 份有效问卷，为后续的研究提供数据保障。

（二）数据分析

1. 阻碍脱贫的数据分析

在阻碍脱贫的因素中，选择医疗开支的家庭有 57.83%，收入不稳定，在总家庭中的占比为 64.78%，子女教育费用的占比为 50.87%，缺少产业支持资金的占比为 57.39%。可以看出，一半以上的家庭都认为上述四个因素对脱贫具有制约作用，很大程度上限制了家庭的发展，其中“收入不稳定”的选项人数最多。另外，公共产品、公共服务产品缺失占比为 31.74%，自然灾害等客观因素占比为 37.83%。这些因素虽然也会制约到家庭的脱贫，但由于其本身的性质问题所影响的范围不是太广泛（见图 1）。

2. 保险扶贫比较优势调查

为了深入了解保险扶贫优势的实践性，从收集到数据来看，54.78% 的家庭认为保险扶贫更为精准、具体，内容更丰富；64.35% 的家庭认为保险扶贫更加灵活；58.70% 的家庭认为保险参与扶贫具有专业水平高、服务更人性化、补偿也更丰厚；52.17% 的家庭认为

图1　保险扶贫相较于传统扶贫优势的调查分析

保险能够整合资源，从深层次进行帮扶，10.17%的家庭认为保险还具有其他方面的优势（见图2）。

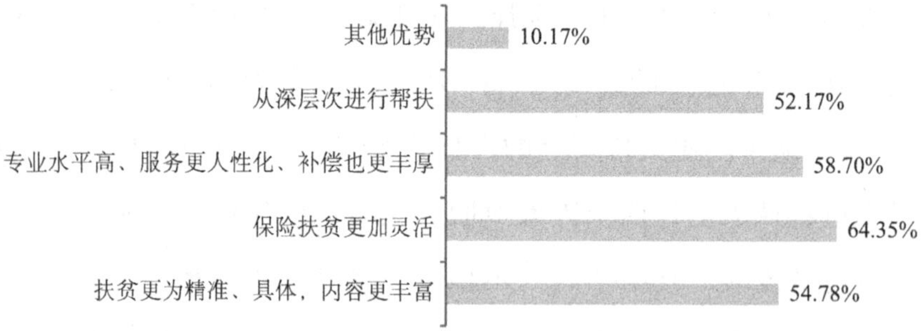

图2　保险扶贫比较优势调查

（三）保险助力脱贫攻坚的实证分析

1. 变量的定义

我们将“保险产品在您遭受风险时，能否起到作用”定义为因变量Y，未起到作用赋值为0，起到作用赋值为1；将“提供医疗保障，防止因病致贫、返贫”“提供信贷支持，帮扶小额融资”“提供农业生产保障，稳定农业收入”“提供助学保证，助力求学之路”

"灾前预防，灾后救助"分别定义为自变量 X_1、X_2、X_3、X_4、X_5，未选择该项赋值为0，选择该项赋值为1。

2. 保险扶贫机理的多元线性回归分析

根据上述定义的变量数据，运用SPSS软件进行多元线性回归分析，得出以下结果（见表2）。

表2　　保险扶贫机理的多元线性回归分析

变量名称	回归结果
常数	0.819** (0.005)
X_1	0.111** (0.010)
X_2	0.039** (0.009)
X_3	0.032** (0.009)
X_4	0.043** (0.009)
X_5	0.041** (0.009)
R^2	0.972
F	1350.729**

注：* $P<0.05$，** $P<0.01$，自变量的**数字表示该变量的参数系数，括号内数值表示变量的标准差。

R^2为0.972，意味着自变量可以解释因变量97.2%的变化原因。进行F检验时发现模型通过F检验（$F=1350.729$，$P<0.05$），即说明上述五个自变量至少一项会对保险发挥扶贫作用起到显著性影响，结合表2可以看出所有的自变量都在0.01水平下对因变量具有显著性影响。

通过对具体变量在保险扶贫发挥作用中起到显著性影响的程度

做进一步分析，可以看出：X_1的参数系数为0.111，说明1单位的“提供医疗保障，防止因病致贫、返贫”对保险发挥扶贫作用能起到0.111程度的正向影响，是发挥扶贫作用的重要因素。X_2的参数系数为0.039，说明1单位的“提供信贷支持，帮扶小额融资”对起到扶贫作用具有0.039的正向影响。家庭通过保险提供的融资担保可以降低银行贷款的难度，获得发展产业的必要资金，从根源上摆脱贫困；X_3的参数系数为0.032，说明1单位的“提供农业生产保障，稳定农业收入”对扶贫作用能有0.032的正向影响。农业收入作为农民的主要经济来源，对农民的生活影响很大，通过相关的保险稳定农业的收入，提供相应的补偿措施，能够起到积极的扶贫效果。X_4的参数系数为0.043，X_5的参数系数为0.041，意味着1单位的“提供助学保证，助力求学之路”和“灾前预防，灾后救助”对保险起到扶贫作用分别有0.043和0.041的正向影响关系，保险行业助力教育或者助学贷款降低了贫困家庭的求学花费，减轻了家庭的经济压力，并且在受灾地区也能提供相应的物质补偿，这些都能很好地起到扶贫的作用。

五、甘肃保险精准扶贫的实践

甘肃省委、省政府积极贯彻党中央扶贫政策和习近平总书记考察甘肃期间的重要讲话精神，在脱贫攻坚中积极利用中央政策结合地方现实情况，把农业保险作为脱贫攻坚的重要抓手，不但增加了农业发展的内生动力还为脱贫攻坚注入了强大的动力，为甘肃整体脱贫补齐了“短板”。2016—2018 年，农业保险保费收入约 37.44 亿元，截至 2019 年上半年累计赔付 19.45 亿元，甘肃农业保险最突出的特点是重点向贫困村、贫困户倾斜。2019 年参加农业保险的贫困农户 100 多万人，95% 以上的贫困户参加了农业保险。

（一）保险精准扶贫对于甘肃扶贫全局工作的重要意义

1. 保险精准扶贫已融入甘肃地方政府扶贫大局

政府支持是保险精准扶贫取得成效的有力保障。保险业在充分利用好国家给予行业的改革和政策红利，发挥商业保险功能作用的同时，精准对接地方政府扶贫需求，因地制宜，创新体制机制和产品服务。充分发挥试点创新的牵引作用和示范效应，利用行业优势和资源，解决农民持续增收、民生托底保障等重大课题，使其成为金融服务“三农”、支持扶贫的务实之举。

2. 保险精准扶贫已成为甘肃省政府扶贫的重要政策工具

甘肃省委省政府已将大病保险、农业保险、扶贫小额贷款保证保险、贫困户人身意外保险等纳入保险扶贫体系中。省直有关部门也更加注重通过运用商业保险机制解决扶贫开发难题和民生保障短板，在政策制定和资源投入上，向贫困人群和贫困地区倾斜，使行业充分发挥扶危济困、雪中送炭的作用，从而达到精准扶贫的目的。因此，从实践意义上看，商业保险已积极嵌入贫困地区防损减灾、参与构建贫困人群民生保障网和社会治理中。通过统筹使用政府扶贫资源，有效发挥了保险机制和功能作用，并成为服务政府脱贫攻坚工作的有效抓手和重要政策工具。

3. 保险精准扶贫提高了扶贫资源配置效率

扶贫资源通过保险机制，直接面向贫困地区和弱势群体，防范和化解了返贫致贫风险，有效提高了资源的配置效率。大病保险针对贫困人群降低起付标准，“两保一孤”保险精准帮扶特困群体，特色农业保险精准对接富民产业，扶贫小额贷款保证保险提高信贷资金配置效能，保险资金为贫困地区重大基础设施项目建设提供了稳定、可持续、低成本的资金支持。

（二）甘肃保险精准扶贫的实践探索

1. 完善制度建设，协同形成脱贫攻坚合力

在积极贯彻中央层面有关政策的同时，甘肃省结合本地区的实际情况在 2018 年 7 月出台了《甘肃省 2018—2020 年农业保险助推脱贫攻坚实施方案》，为甘肃农业保险 3 年发展制定了路线图和时间表，在全国率先探索开展“一户一单、一户一保、一户一赔”的种养产业综合保险新方法，一张入户保单菜单式投保，切实做到承保到户；在全国“增品、扩面、提标”的基础上，率先提出“降费”的新要求，大幅增加保险品种，绝大多数品种保额提高 30% ~ 100%，保险费率下调 30% ~40%，且贫困户只承担 10% 的自缴保费。在该实施方案中提出农业保险“成本垫底、收益托底、六大产业全覆盖”和“三年兜底、五年平衡，区分特点、精设品种，普惠与特惠兼顾，贫困户一户不落”的总体要求，围绕牛、羊、菜、果、薯、药等特色产业发展，以保障贫困户收入稳定为目标，大力开展

农业保险“增品扩面提标降费”工作，为坚决打赢脱贫攻坚战提供保障的总体思路。以此方案为指导，政府相关部门还专门制定了农业保险相关配套制度和办法，先后出台了《甘肃省农业保险（2018—2020年）农产品价格采集和发布工作实施办法》《甘肃省扶贫资金入股分红和土地流转履约保证保险实施方案》《甘肃省农业保险保险费补贴管理办法》《关于规范农业保险工作费用管理的通知》《关于推进全省农村金融综合服务室建设运行的实施意见》等政策文件，为保险助推脱贫攻坚奠定了坚实的政策保障基础。

2. 激发机构担当作为，提高农险服务质效

甘肃省保险机构积极践行社会责任，发挥保险的兜底作用，为甘肃参与全国脱贫攻坚战贡献行业力量。引导保险机构不断加大资源投入，下沉服务网点，增加服务人员，强化农险科技支撑。各保险机构不断创新业务模式，丰富保险产品供给，开发运用“智慧农险”“e农险”“i农险”等信息系统，提高承保理赔的科技化水平。为了应对开春的倒春寒灾害，原甘肃银保监局督促保险机构抢抓农时，加快承保进度，赶在早春自然灾害发生前完成承保，仅用一个月时间就按计划完成了100.7万亩苹果、22.1万亩花椒、12.7万亩核桃、2.8万亩樱桃的承保工作。灾害发生后，督促保险机构开通绿色通道，快速定损理赔，有效发挥了农业保险的损失补偿作用

3. 扩大保险覆盖面，提高保障水平

甘肃省作为脱贫攻坚的重点地区，在开展保险扶贫过程中，将小额扶贫贷款保证保险、农业保险、贫困群体人身意外伤害险纳入

甘肃省的脱贫攻坚工作体系之中。提出了覆盖“农村现存贫困户、返贫贫困户和新识别贫困户”的“三覆盖”工作原则，扩大保险覆盖面，成为服务脱贫攻坚、配合其他精准扶贫措施的重要组成部分。

在实践中，“想投保又没有钱”，缴纳保费困难是导致贫困群体不投保的重要因素。面对这种情况，省级财政和地方整合扶贫专项基金、压缩财政支出，将节省资金投入农业保险的补贴基金中，2018—2010 年甘肃省共安排 38. 8 亿元保费补贴资金全面开展农业保险工作。对于农户来说，保费降低成为积极参与保险的重要推动因素；对于政府来说，实现了“花小钱办大事”，有效推进了保险覆盖；对于保险机构来说，增加的保费收入，为提升保险服务也起到了激励作用。截至 2020 年 2 月，全省开办了 80 个农业保险品种，有效扩大了特色产业的保费财政补贴的覆盖面，其品种数额在全国处于前列。甘肃省农业保险形成了“中央补贴险种 + 省级补贴险种 + 县域特色品种”的多层次农业保险格局有效实现了脱贫攻坚产业的全覆盖，切实帮助对于自然灾害风险大的农业产品规避了成本风险，对于市场波动风险大的农业产品规避了价格风险。

关注贫困群体的民生也是扩大保险覆盖面的主要方面，在甘肃省 8 个市的 26 个县为贫困户投保农房保险和农房地震保险。支持公司开发“政企扶贫宝”“精准扶贫 100”等扶贫综合保险。农村小额人身保险稳步发展，累计支付赔款 1. 3 亿元。

在提高保障标准方面，主要措施是降低保险费率和提高保障金额。降低保险费率主要是缓解农户的保险缴费负担，中央补贴的保险品种保险费率降低近 2%，地方特色保险品种保险费率降低近 5%，以苹果为例，2019 年由原来的每亩缴纳保费 240 元降为每亩缴纳保费 180 元。在提高保障金额方面，普遍提高了保额的标准，将马铃薯、玉米、青稞、棉花、冬小麦 5 个品种的保额从平均 400 元上调为 520 元，奶牛保额从 5000 元上调为 8000 ~ 10000 元。对于部分牵涉农民增收稳收的地方特色品种，也实现了保额的大幅度提高，如苹果保额从 2000 元上调为 4000 元。将玉米、马铃薯和奶牛 3 个险种的保额分别提高 43%、100% 和 66%，上调后的保额基本上达到了全成本保障水平，能够保证果农获得较高的收益。在民生保险方面，提高城乡贫困人口大病患者保障水平，将贫困人群的报销起付线从 5000 元降至 2000 元。

4. 聚焦甘肃省精准扶贫实际，开展保险多元扶贫

结合甘肃省社会经济发展实际情况，精准对接“牛、羊、菜、果、薯、药”六大特色产业、建档立卡贫困户和地方扶贫主导产业，构建防止返贫的屏障。

一是开展大宗农产品的“供给侧”优化。在落实和贯彻好中央财政补贴险种的同时，让农户在“工具箱”里找到适合投保的险种也尤为重要，结合每个地区的优势产业和脱贫攻坚的实际，将省级财政补贴品种扩大到了包含苹果、中药材、肉牛、肉羊、高原夏菜、设施蔬菜、育肥猪和鸡等多个品种；结合地区的产业实际先后开办了中药材、苹果、肉牛、肉羊、肉驴、枸杞、百合和玫瑰等 30 多个

针对地方的保险品种。特别是针对甘南州藏区开展的牦牛保险受到藏区群众的认可。积极开展“保险+期货”试点，探索多目标价格保险和天气指数保险。

二是创新民生保障保险品种，防止因病致贫返贫。结合甘肃省实际情况，中国人寿最早在秦安县推广试点“两保一孤”保险，为农村失去发展能力的一类、二类低保户，五保户和农村孤儿，通过政府购买、市场运作方式，保险公司提前给付，精准帮扶到户到人。在此基础之上又创新出“三户一孤”保险产品。将建档立卡贫困户纳入承保范围，保险定额给付、先行赔付的做法，精确补位现有医疗保障制度缺口，与现行新农合基本医保、大病保险、民政医疗救助政策一起形成政府针对贫困人员院前给付、院中报销、院后救助的兜底式医疗保障机制，从根本上解决了贫困人员的因病致贫、因病返贫问题。该险种已经推广至41个县，累计覆盖213.67万贫困人口，提供保险保障金678亿元，支付保险补偿6109.85万元。

5. 保险精准扶贫服务下沉，提升服务效率

针对农村金融服务分散、保险公司等金融机构的最末端组织机构与农户存在“断线”等问题，甘肃省按照“一村一室、集中统一、综合服务”的原则，建立了1049个乡镇农村金融综合服务站、15788个农村金融综合服务室，配置工作人员4.75万人，同时建立了乡村干部、银行保险机构业务员、公益岗位农金员共同参与的运营机制，为农业保险“投保到户、定损到户、理赔到户”提供了“最后一公里”的服务支撑。村党支部书记或村委会主任就是农村金

融服务室的主任，保障种养产业综合保险的顺利实施。天水市麦积区整合资源，强化保障，建立起政府主导、金融保险机构参与的联合共建机制，区财政每村配套2000元建设启动资金，在17个乡镇、379个行政村成立农金室（站），聘用1623名农业保险协保员，强化人员培训，推进标准化建设，规范运行，为农户及企业参保、理赔，打通了农业保险服务农户的路径。

6. 创新承保模式，建立“接地气”服务流程

积极创新农险承保模式，一是以户为单位出具保单，实行“一户一保、一户一单、一户一赔”的方式，为贫困户提供一揽子、菜单式的风险保障，使保险简便易行。如天祝县就按照不同乡镇的种养情况，划分区块以便于保险公司开办保险工作，为农户创造了便利条件，最大限度地实现了“一户一保单”模式和参保农户“最多跑一次”的便民目标。每个参保农户所有种养业投保工作全部集中于一家保险公司办理，方便农户投保、定损和理赔。二是探索将合作社作为投保主体。合作社作为投保组织者，代表社员统一与保险公司进行对接，帮助完成宣传动员、政策宣导、签订保单、勘损理赔等农业保险操作的具体工作，合作社统一完成参保以后，把明细投保内容明确到每一位社员，这不仅解决了农民不熟悉保险操作的问题，也大大提高了保险实施的效率，提高投保及理赔等工作的便捷性和准确性。

（三）甘肃省保险精准扶贫的实践的效果

甘肃农业保险呈现出跨越式发展的势头，2012年甘肃省农业保险总体保障水平（农业保险承保风险总额占农业总产值的比例）仅

为 10.4%，在全国排名靠后。近几年，甘肃省农业保险进入高速发展的快车道，2018 年农业保险保障水平已达到 36%，排名全国第六。2014—2018 年，甘肃省种植业保险承保规模由 1525.2 万亩增长到 2432.6 万亩，养殖业承保规模由 556 万头（只）增长到 1444.1 万头（只），农业保险保额由 326.3 亿元增长到 593 亿元，人均保险金额由 1.47 万元增长到 3.37 万元，分别增长 59.5%、159.7%、81.7%、129.3%。通过分析 2013—2018 年各项指标的变化发现，2017—2018 年的增长贡献最大，甘肃农业保险真正实现了超常规发展。甘肃省基本形成了“大宗种植养殖、区域性优势品种、地方性特色产品”和“传统成本保险、价格指数保险、天气指数保险”的“3 +3”保障体系。农业保险已经发展成为甘肃省财产险的第二大险种，甘肃省农险发展规模跃居全国中游、西北第二。2013—2018，累计赔款支出约 28.9 亿元，简单赔付率 66.1%，是农户自缴保费的 4 倍。2019 年，甘肃省计划实施 80 个保险品种，险种数量位居全国前列。截至 2019 年 6 月末，甘肃省农业保险已落地实施 71 个险种，实现保费收入 11.9 亿元，同比增长 63%，支付赔款 3.76 亿元，同比增长 73.5%。参保农户 170.7 万户次，其中贫困户参保 78.1 万户次，基本实现了“贫困户全覆盖、贫困户种养产业全覆盖、贫困户种养产业自然风险和市场风险全覆盖”。

（四）甘肃保险精准扶贫的实践的特色与不足

1. 甘肃保险精准扶贫的实践的特色

一是政府高度重视，形成各级政府合力推进的路径。甘肃探索加强将中央、省级、地方各级单位的协同，推进保险助力脱贫攻坚。第一，建立联席工作机制。由主导农村工作的省农业厅牵头，与之相关的单位，比如扶贫机构、财政、金融、统计、商务、气象和相关保险机构等部门均纳入联席工作机制中，各部门选派具有决策权限的人员参加，保证按照各自职责做好保险资金筹集工作、主要农产品的价格收集和发布工作、新增贫困户识别和督促贫困群体参保工作、保险行业监管工作，形成的高效率决策机制降低了决策时滞。第二，将推进农业保险的工作放到基层。以县为单位，赋予较大的决策权限，包括承保保险机构的选择权、保险计划的制订以及补贴资金落实等，以县为单位，结合当地实际，用当地老百姓容易接受的方式快速开展宣传，让村镇干部和保险机构组成基层业务单位，提高农业保险的覆盖率，有效地降低了交易成本，使政府、保险机构和农户都受益。以临夏市东乡县为例，其通过乡镇干部与保险机构一同宣讲，确保农业保险户户知晓，家家参与。东乡县5.1万农户农业保险政策知晓率达到95%以上。第三，加强过程管理。每个月组织对农业保险落实情况（农险政策宣传、保险标的核查、入户签单承保等）开展巡回和精准督查，把农业保险与帮联单位、帮扶干部考核直接挂钩。在督查过程中，及时发现存在问题，及时向承保保险机构反馈，进而找寻解决问题的方法。这不但有效地提高了助推脱贫攻坚的工作效率，也促进了协同工作机制的创新，为保险机构拓展业务空间奠定了基础。

二是多方筹集资金，解决保费补贴来源不足问题。甘肃省中央财政转移支付占比超过80%，个别县的财政自给率仅维持在个位数，财政压力巨大。2018—2020年，甘肃省全面开展农业保险工作，需要保费补贴资金38.8亿元，由于财政自给率低，省、市、县一级的农业保险保费财政补贴负担较重。为了顺利推进保险精准扶贫工作，地方党委政府按照供给侧结构性改革的要求，调整资金使用格局，压缩非必要开支，对涉农产业发展资金和扶贫专项资金等进行整合，积极筹集农业保险保费补贴资金。例如，西和县2019年需要农业保险保费补贴资金604.8万元，这部分资金要从县级财政的产业发展基金中解决，仅这一项支出就占全县预算总支出的57.3%。

三是保险服务贴近基层需要，服务效率与质量有保障。设立农金室是甘肃省推出的一项提升农村基层金融综合服务水平、确保金融支持政策精准落地的惠民措施。从支持农业保险工作开展的情况来看，实施效果明显，在打通承保到户“最后一公里”方面为其他地区提供了成功的范例，有效地提升了投保、定损和理赔效率。基层服务机构的建立，不但能够加大宣传力度，保证有关政策被农户及时了解，还能够第一时间搜集农户需求和保险要素的动态变化，有利于下一步的产品设计和改进。

2. 甘肃保险精准扶贫的实践的不足

一是特色农产品保险的奖补力度不够。通过发展特色产业达到脱贫已经成为很多地方的重要选择，从某种意义上讲，特色产业兴则农业兴，农民脱贫就有保障。在脱贫攻坚前期，扶贫资金投放的重点是支持创新发展产业，而到精准扶贫阶段，扶贫资金应该更多用于稳定发展产业，使特色产业真正成为保障农民增收的主渠道。农业保险在为特色产业缓释风险、提高财政资金使用效率方面具有独特的优势与成熟的实践经验，为此建议适当调整扶贫资金的支出方向，将资金更多用于脱贫特色产业的保险费补贴。针对不同地区产业发展实际，将地方优势特色农产品纳入中央和省级补贴品种，扶持壮大地方特色产业。为助推地方特色产业发展，巩固脱贫效果，应至少将深度贫困地区的“一县一业”“一村一品”等主导性品种纳入中央财政的奖补范围。

二是保险专业人才需求得不到满足。一方面从事农险的专职人员数量不足。以天水市麦积区为例，人保麦积支公司正式员工 48 人，其中从事农险工作的 35 人。全县有近 21 万亩耕地（不含森林）和大量牛、羊、猪等的承保和理赔任务，靠这些人远远不够。为此，该公司外聘了 379 人参与农业保险工作。尽管如此，仍然不可能做到精准服务，甚至蕴含着较大的业务操作合规风险。另一方面基层农险人员业务素质需要提升，部分人员存在缺乏农险相关的专业知识，专业服务不到位等问题。

六、新阶段对保险业精准扶贫提出新要求

贫困人口的脱贫现实需求是保险业精准扶贫的根本动力。2020 年是攻克最后贫困堡垒的关键阶段。农村贫困地区的脱贫现状正发生结构性变化，在大多数地区要关注防止返贫现象，这要求保险业

发挥其属性优势，为贫困地区脱贫和防止返贫提供有力支撑。

（一）党的十八大以来保险业助推脱贫攻坚工作取得优异成绩

党的十八大以来，在以习近平同志为核心的党中央坚强领导下，脱贫攻坚工作取得优异成绩。贫困人口快速下降，农村贫困人口规模从2012年的9899万人下降到2018年的1660万人。仅用6年，农村贫困人口减少了8239万人，农村贫困发生率也下降到1.7%。[①] 为全面建设小康社会夯实了基础。

保险业发挥自身属性优势，找准助推脱贫攻坚的切入点和着力点，发挥了突出作用。一是扩大大病医保，预防因大病致贫返贫。在各个地区积极推进医疗救助和城乡大病保险，降低保险给付门槛，简化报销流程，保障贫困群众群体的基本医疗权益。提高城乡贫困人口大病患者保障水平，甘肃省将贫困人群的报销起付线从5000元降至2000元。在大病保险的助力下，因病致贫返贫户下降较快，由2015年底的727万户下降到2017年底的388万户[②]。二是农业保险持续加大有效供给，预防因自然灾害致贫返贫。各地区在保险助推脱贫攻坚方面加大有效供给，在“政策保险+商业保险”的双轮驱动下，优化保险赔付流程，降低保费负担，有效地分散了农业风险，稳定了农民收入，截至2020年2月，甘肃省开办了80个农业保险品种，2018—2020年共安排38.8亿元保费补贴资金，形成了“中央

① 国家统计局：《2018年国民经济和社会发展统计公报》。
② 国务院扶贫开发领导小组办公室：《精准扶贫攻坚克难践行庄严承诺》。

补贴险种＋省级补贴险种＋县域特色品种”的多层次农业保险格局，全面开展农业保险工作有效扩大了特色产业的保费财政补贴的覆盖面，其品种数额在全国处于前列。这较好地弥补了农民损失和保障了农业生产，极大地降低了农户因灾致贫返贫的可能性，保险的保障功能得到有效发挥，农业稳定器和助推器作用显现。三是结合地方实际，开发特色险种。各地保险业对识别出的脱贫攻坚中的需求痛点和盲区进行有效补位，有针对性地开展产品创新，不断开发适宜的新险种。一方面开展大宗农产品保险的“供给侧”优化。让农户在“工具箱”里找到适合投保的险种，例如将甘肃省级财政补贴品种扩大到了苹果、中药材、肉牛、肉羊、高原夏菜、设施蔬菜、育肥猪和鸡等多个品种。结合地区的产业实际先后开办了中药材、苹果、肉牛（羊、驴）、枸杞、百合和玫瑰等30多个针对甘肃各个地区特色农产品的保险品种。另一方面，创新民生保障保险品种，中国人寿在甘肃省秦安县推广试点“两保一孤”保险，为农村失去发展能力的一类、二类低保户，“五保户”和农村孤儿，采用政府购买、市场运作方式，由保险公司提前给付，精准帮扶到户到人。在此基础之上又创新出“三户一孤”保险产品。从根本上解决贫困人员的因病致贫、因病返贫问题。

（二）精准扶贫最关键和最艰难阶段的现实情况

从未脱贫人口结构来看，未贫困人口分为两大类：一类是残疾人、孤寡老人、长期患病者等特殊贫困群体；另一类是知识、技能缺乏和内生动力不足的贫困群体。2013年，我国农村贫困发生率为

8.5%，然而国际经验表明：当一国贫困人口占总人口的比例低于10%时，减贫工作效率提升会出现边际效用递减较快情况，进入“最艰难阶段”（黄承伟，2018）。对于还未脱贫的特殊群体，必须加强创新扶贫协作机制，支持和引导全社会的力量积极参与脱贫攻坚，才能打好精准脱贫攻坚战，确保全面建成小康社会。

（三）精准扶贫的新要求需要保险业担当更大责任

脱贫攻坚阶段有两块“难啃的骨头”：一是要实现特殊群体的脱贫，二是实现深度贫困地区的区域性整体脱贫。具体来看，在精准扶贫政策推动下，我国农村贫困人口累计减少较多，但是特殊群体脱贫压力巨大，这类人群主要包括因病致贫群体、因灾或农产品市场波动变化致贫及返贫的群体和农村贫困老人及“五保户”群体。截至2017年底，在贫困群体的致贫因素中，因病和因残致贫群体人口分别占贫困总人口数的42.3%和14.4%，65岁以上贫困老人占到17.5%，初中以下文化程度的占比为96.6%（刘永富，2018）。保险产品作为防止因病因灾致贫返贫的有效工具，保险业需要为特殊群体脱贫提供有效的解决方案。

与此同时，深度贫困地区，比如“三州三区”，由于经济原生贫困与自然环境恶劣的因素交织，往往表现出自然禀赋差、产业支撑弱、县乡级财政困难、公共服务薄弱等特点。这些特点直接导致区域内贫困人口增收非常困难，且恶劣的自然环境往往会带来严重的自然灾害，致使因灾因病致贫问题突出。上述因素给深度贫困地区打赢脱贫攻坚战带来困难，导致减贫边际效益不断下降。保险作为比较有效的农业风险分散机制，是农业生产的稳定器和助推器，成为了深度贫困地区脱贫攻坚必不可少的有效工具。

七、保险精准扶贫阶段的现实问题

虽然说保险助推脱贫攻坚取得了丰硕的成果，但是在实践中也同样面临着一些现实的突出问题。

（一）脱贫攻坚阶段保险精准扶贫面临的形势依然严峻

一方面，自然灾害风险频发客观存在，且已成为导致返贫的重要因素。民政部的统计数据显示，2017 年我国各类自然灾害受灾人数超过 1.4 亿人，农作物受灾面积超过 1848 万公顷，经济损失高达 3018.7 亿元①。高发的自然灾害给农业生产和农业经营造成了巨大经济损失，导致因灾致贫返贫问题凸显。另一方面，多数重度贫困家庭的致贫，返贫的主要因素是疾病，由于各种原因，有些深度贫困地区出现“越贫困，病越多”的情况，重大疾病和慢性病群体年龄越大发病率越高的风险也客观存在。自然风险、疾病风险及市场风险的客观存在给脱贫攻坚工作带来巨大困难和不确定性，严重影响脱贫攻坚和防止返贫的效果和质量。

（二）保险业精准扶贫的参与度不深

从我国脱贫攻坚的全局工作来看，部分地区取得优异成绩，但

① 民政部：《2017 年社会服务发展统计公报》。

是总体来看，保险业对扶贫产业、贫困人口、贫困地区的保险服务覆盖率还深度不够。首先，从全国看，扶贫产业普遍缺少完善的风险保障机制。其次，保险业在脱贫攻坚的实际工作中参与度不深。最后，保险业参与脱贫攻坚工作缺乏可推广、可复制的典型案例。保险扶贫的经典工作均结合地方特色，推广条件苛刻，均不适合大面积推广。

（三）保险业精准扶贫的“供给侧”改革动力不足

贫困地区对保险业呈现多元化的需求，比如在甘南藏区，就有“家有万贯，长毛的不算”的说法，牧民迫切的需要对于牦牛、羊等牲畜开展保险，为牲畜提供一定的保障。农业保险在开展“供给侧”改革动力不足。

一方面，农业保险产品创新不足导致保险产品数量有限。集约化的农业产业组织，比如以农业龙头企业、农业合作社和家庭农场为主的新型经营主体是脱贫攻坚的主力军，在产业精准扶贫过程中发挥着重要作用。而现有的农业保险产品仅投保“物化成本”，比如甘肃省只针对本地区的产业情况，先后开办了中药材、苹果、肉牛、肉羊、肉驴、枸杞、百合和玫瑰等30多个特色产品的保险品种，不能满足新型农业经营主体对农业生产风险和市场经营风险的保障需要，加之缺乏风险分散机制，给新型农业经营主体生产经营带来巨大隐患，直接造成保险扶贫与产业扶贫的联动机制不足，影响了脱贫攻坚效果。

另一方面，保险产品供给缺乏结构调整。针对贫困地区和贫困人口的农业保险产品，在精算定价、产品服务、优惠政策等环节缺乏针对性，对保险扶贫的深度参与造成了一定的障碍。

八、甘肃省保险精准扶贫的政策优化

为进一步在脱贫攻坚中发挥保险业属性优势，使保险的扶贫功效效益提升，坚持“政府主导＋市场运作”的扶贫运行机制，围绕保险业扶贫的深化开展“供给侧”改革，引领保险业做好扶贫的大文章，力求探索可供复制的保险扶贫模式，形成保险助力脱贫攻坚的典型案例。

（一）进一步提升保险业在精准扶贫中的地位

保险助推脱贫攻坚是新时代背景下对保险业提出的新要求，也是保险业应当承担的历史责任和使命。应当进一步加深保险业在扶贫规划及相关政策体系中的比重，发挥保障扶贫产业稳定达效、防止因灾因病致贫返贫的重要作用。进一步健全与脱贫攻坚实际相适应的保险服务机制，打通商业性保险、政策性保险的互动机制，促进商业保险与政策性保险共同参与脱贫攻坚的服务格局。

（二）构建“政府主导＋市场运作”的保险扶贫运行机制

保险监管部门发挥好“看得见的手”的宏观调控作用，建立健全政策执行体系和保障措施。发挥政府在保险助推脱贫攻坚中的主导作用，鼓励地方政府结合本区实际，以包括财政补贴在内的多种方式为扶贫产业和贫困人群提供各类保险服务，有效激活保险市场，达到“保险数量”和“保险质量”的双提升。发挥财政补贴的优势，积极引导各类保险机构加大保险扶贫直接投资力度，扩大“险资扶贫”投资面。与当地政府密切配合，为贫困地区的特色农业和贫困农户提供有针对性的农险产品，有效提升保险助力脱贫攻坚的精准度。在“三区三州”等深度贫困地区开展农业巨灾保险试点，同时降低保险经营风险，逐步提升保险扶贫效果。

（三）推进“供给侧”结构性改革，开展创新满足精准扶贫的多元化需求

第一，加快转变农业发展方式、贯彻乡村振兴战略要求，以全面建成小康社会的标准开展农业保险的机制改革。一是要创新农业保险宣传机制，提升贫困农户对农业保险的精确认知。贫困地区应当把农业保险的宣传作为常态工作进一步强化，通过新媒体等多渠道、多形式加大宣传力度，提高农业保险助力脱贫攻坚机制的精准度（贺兴华，吴昌泽，2018）。二是要构建以产品创新为主的保险创新体系。不但要“增品扩面”，还要“提标降费”，加快农业保险特色险种在深度和广度方面的改革，提高农业保险助力脱贫攻坚的精准度和覆盖率。保险机构要遵循“农业保险真正惠农”的要求，深入调查贫困地区与贫困人口对农业保险的需求，创新保险产品，比如探索特色农产品天气指数类保险等。三是提升保险机构承办大病保险的服务能力和服务水平，开发涵盖多种保障体系的产品种类，提高大病保险覆盖率，增加贫困人口医疗费用实际报销比例。四是强化补位扶贫保险产品开发。创新开发各类补位保险产品，利用保

险补位扶贫过程中的短板和不足。五是创新教育类和搬迁就业类扶贫产品，精准对接各种教育类、易地搬迁类、就业类脱贫保险服务需求。

第二，创新以经营模式为主的保险体系。形成“保险 +”模式，以保险为主，银行、政府担保机构、政府扶贫机构等多方参与的信贷风险分担机制，盘活存量，寻找增量。还要利用保险撬动信贷，扩大农业信贷规模等，提升保险增信功能，协助参保贫困农户更快捷地获得小额发展资金，引导金融资金助力扶贫产业发展。

（四）提升保险精准扶贫的综合保障能力

一是要夯实主体责任。保险机构作为助推脱贫攻坚的主体，要强化主体责任和担当意识，主动将保险资金向贫困地区和贫困农户倾斜，总部机构要加大保险专业人才培养和保险技术开发的力度，基层机构要肩负特色产品开发和保险全面服务的责任。二是要建立基于云技术、大数据等技术的大数据信息平台，做好保险助推脱贫攻坚的信息化管理工作。实现政府、保险机构、贫困群体信息流的共享，对保险助推脱贫攻坚实现动态管理，提高保险扶贫工作管理的数据化，以达到提供精准服务的目的。三是要创新保险法律体系建设，提高保险扶贫保障措施的精准性，特别是加强农业保险相关法律法规建设，保障贫困地区保险基层服务能力的提升，使保险的扶贫政策体系、法律法规体系、精准扶贫政策三者实现无缝对接，做好巨灾风险的防范和化解工作，最大限度地规避贫困农户致贫和返贫风险。

九、研究结论

（一）研究结论

党的十八大以来，在党中央精准扶贫工作的推进过程中，从2013到2017年的5年时间，平均每年农村的贫困人口减少都超过1000万人，5年来累计脱贫6853万人，贫困发生率从2012年底的10.2%下降到2017年底的3.1%，精准扶贫工作取得显著成绩。

甘肃作为国家重点贫困地区，也是保险扶贫工作深耕的重点地区。梳理保险扶贫减贫作出的实践，有助于总结保险在减贫与巩固扶贫效果方面的工作，为今后拓展行业发展空间、增强发展后劲，更好地服务乡村振兴战略和服务“三农”工作起到一定的借鉴作用，为保险机构开展业务创新提供可期的积累。

本研究以精准扶贫攻坚工作为背景，描绘保险精准扶贫发展过程中的一系列图景，具体研究内容包括：

第一，讨论了保险在扶贫过程中的内在机理。扶贫与保险具有天然的内在联系，保险所具有的功能作用及独特优势，使依托保险机制开展精准扶贫，具有理论上的合理性和实践上的可行性。保险化解风险的属性与脱贫攻坚的目标高度契合，保险已经融入扶贫的大局当中，成为地方政府开展脱贫攻坚工作的有效政策工具；保险业通过创新保险险种，开拓保险产品外延，推出“保险＋期货”“健康保险＋财产保险”等模式有效地开展精准扶贫。保险具有的专业性能够为贫困地区普及金融知识和风险知识，增强贫困群体的风险防范意识，保险公司帮助农产品找市场，搜集信息，起到“扶志”的作用。

第二，梳理了我国保险扶贫的体系。保险的扶贫功能主要表现在两个方面。一方面保险能兜住贫困人口生产生活风险，防止因病、因自然灾害、因意外事故致贫返贫；另一方面保险能撬动及整合政府和其他金融机构的扶贫资源，破解金融进农村风险大、成本高以及农户贷款门槛高、贷款难、贷款贵的难题，进而助推贫困人口和贫困地社会经济协同发展，从而助力脱贫攻坚。实证研究也表明，我国在开展保险扶贫过程中，政府的补贴政策和保险业的主动作为，使“保险的损失补偿效应”与“保费的资产侵蚀效应”的叠加效应为正，这表明，保险业开展精准扶贫不但能助力解决贫困，还能够守住扶贫成果，防止“返贫”。我国保险扶贫的探索，为世界减贫工作提供了有益的中国经验。

第三，甘肃省保险精准扶贫的实践取得了积极成果。保险精准扶贫已融入甘肃地方政府扶贫大局，成为甘肃省政府扶贫的重要政策工具，有效提升了扶贫工作的资源配置效率。甘肃省在保险精准扶贫的实践探索过程中，通过完善制度建设形成脱贫攻坚合力、激发机构担当，提高了农险服务质效、扩大了保险覆盖面；同时通过提高保障水平和聚焦甘肃精准扶贫实际，开展保险多元扶贫以及保险精准扶贫服务下沉，提升了服务效率，取得了一定的效果。

第四，新时代保险精准扶贫的新要求与路径优化，要求我们进一步提升保险业在精准扶贫中的地位，构建“政府主导＋市场运作”

的保险扶贫运行机制，推进“供给侧”改革，在开展创新满足精准扶贫的多元化需求和提升保险精准扶贫的综合保障能力等方面提出优化的政策建议。

（二）研究展望

虽然全国脱贫攻坚工作取得了全面胜利，但是“三农”工作没有终点，实现“两个一百年”奋斗目标的任务艰巨，保险业应不忘初心，牢记使命继续为“三农”工作做好支撑和保障。

今后的研究主要集中在以下方面：1. 对前期保险精准扶贫的工作做进一步总结；2. 研究现阶段在甘肃开展相关险种的微观测度，进一步开发适合甘肃本地特色发展的险种；3. 开展保险助推乡村振兴方面的研究。

参考文献

［1］姚洪心，王喜意．劳动力流动、教育水平、扶贫政策与农村收入差距——一个基于 multinomiallogit 模型的微观实证研究［J］．管理世界，2009（09）：80－90.

［2］郑伟，贾若，景鹏，刘子宁．保险扶贫项目的评估框架及应用——基于两个调研案例的分析［J］．保险研究，2018（08）：13－20.

［3］郑瑞强．扶贫治理现代化的实现：阶段性特征、逻辑框架与发展保障［J］．求实，2017（01）：88－97.

［4］闫继蕾．农业保险风险问题的文献综述［J］．现代经济信

息，2016（01）：384.

［5］李倩．发挥保险业精准扶贫作用［J］．中国金融，2016（04）：46－47.

［6］郑晓玲．农村小额信贷扶贫相关问题探讨——以海南省为例［J］．经济研究导刊，2009（31）：79－80.

［7］陈勋，夏冬晴．论精准扶贫背景下农村便利店的社会文化功能——基于湖南省邵阳县黄荆乡D村便利店的实证调查［J］．当代教育理论与实践，2016，8（02）：179－181.

［8］刘俊．小额信贷引入小额保险机制研究［D］．西南财经大学，2013.

［9］潘波．充分发挥保险业风险保障功能凝心聚力助推甘肃精准扶贫［J］．甘肃金融，2015（12）：24.

［10］焦清平．甘肃保险业助推精准扶贫的实践与探索［J］．甘肃金融，2016（05）：4－7.

［11］潘国臣，李雪．基于可持续生计框架（SLA）的脱贫风险分析与保险扶贫［J］．保险研究，2016，（10）：71－80.

［12］孙武军，祁晶．保险保障、家庭资本增长与贫困陷阱［J］．管理科学学报，2016，（12）：71－82.

［13］张伟，黄颖，易沛，李长春．政策性农业保险的精准扶贫效应与扶贫机制设计［J］．保险研究，2017，（11）：18－32.

［14］冯文丽，王芳，王学刚，黄英爽，耿江薇．金融扶贫阜平模式［J］．中国金融，2016，（18）：68－69.

[15] 李琴英. 保险精准扶贫之“兰考模式”研究 [J] 金融理论与实践，2018，(5)：94－100.

[16] 郑伟，贾若，景鹏，刘子宁. 保险扶贫的理论与实践：中国案例 [R]. 瑞再研究院风险对话系列报告，2018.

[17] 陈文辉. 深化保险资金运用市场化改革 [J]. 中国金融，2017 (03)：9－11.

[18] 郑伟，贾若，景鹏，刘子宁. 保险扶贫项目的评估框架及应用——基于两个调研案例的分析 [J]. 保险研究，2018 (08)：13－20.

[19] 齐良书. 新型农村合作医疗的减贫、增收和再分配效果研究 [J]. 数量经济技术经济研究，2011，28 (08)：35－52.

[20] 邵全权，柏龙飞，张孟娇. 农业保险对农户消费和效用的影响——兼论农业保险对反贫困的意义 [J]. 保险研究，2017 (10)：65－78.

[21] 焦清平. 农业保险监管机制探析——以甘肃省为例 [J]. 甘肃金融，2017 (04)：4－8.

[22] 黄承伟. 中国特色扶贫开发道路不断拓展 [N]. 人民日报，2018－08－26 (005).

[23] 刘永富. 有效应对脱贫攻坚面临的困难和挑战 [N]. 人民日报，2018－10－21.

[24] 李新光，祝国平，付琼. 保险业助推脱贫攻坚的作用机理、时代要求与改革路径 [J]. 经济纵横，2019 (10)：93－100.

[25] 贺兴华，吴昌泽. 论农业保险助力精准扶贫改革及运行策略 [J]. 保险职业学院学报，2018，32 (04)：70－74.

后　记

离泥土越近，生命力越强。一个夏夜，我们在皎洁的月光下借宿两当县杨店镇陈家沟，晚风轻拂，萤火虫在林间飞舞，蛐蛐在草丛中呢喃，陈家沟的夜更静了。清晨被雄鸡叫醒，漫步在陈家沟的山林，深吸一口沁人心脾的空气，眼前都是青山绿水，让人恍若进入世外桃源，乡亲们的朴实和热情感染着我们每个人。从此，我们与陇南结下了不解之缘。项目组成员利用寒暑假和北京大学新结构经济研究院、甘肃省知名的文旅产业专家、兄弟院校设计专家等多次赴陈家沟，在田间地头和深山密林中收集资料、开展调研，为陈家沟的农户做民宿设计，办文化论坛，帮助农民兴建合作社，在兰州办特色农产品展览，和甘肃金美新农林有限公司一道在陈家沟投资打造现代田园综合体。渐渐地，到陈家沟的游客多了，29 户村民的收入也提高了，村民脸上的笑容也更多了。

2019 年以来，我们项目组成员走遍了陇南的山山水水，用脚步丈量着新时代发展取得的丰硕成果，用心聆听每个感人至深的奋斗故事。作为社科工作者，我们有责任让大山以外的人们感受到这些为新时代奋斗的脉搏。

习近平总书记强调，“广大科技工作者要把论文写在祖国的大地上，把科技成果应用在实现现代化的伟大事业中”。到 2023 年底，作为课题阶段性成果的《产业支撑乡村振兴实践案例丛书》完稿，交付出版社出版。本丛书包括《乡村振兴陇南电子商务实践案例》《金融支持陇南产业融合实践案例》和《新时代陇南个体网商实践案例》，共包含 30 个案例。这 30 个案例中的人物，是千千万万奋斗着的劳动者的缩影，也是新时代陇南乡村振兴的佐证。我们感恩时代美好，歌颂劳动伟大，在这里分享成功的经验和失败的教训，记录乡村振兴的创举，也写出了政策落地的艰难。我们希望通过这些真实的案例，让更多的人了解到乡村振兴在陇南的实践，感受到每个劳动者为乡村振兴付出的努力，同时也为其他地区的乡村振兴提供借鉴和参考。

在本丛书编写过程中，我们走访调研了上百家大大小小的企业和合作社，访谈了许许多多的创业者和农户，每次走进陇南进行交流访谈，我们都能够深刻体会和感受到乡村振兴给陇南实践带来的变化和影响，这些变化不仅体现在乡村产业、人才、文化、生态和组织等方面，更体现在乡亲们的精神面貌和自信心上，也让我们感受到了乡村振兴的力量和希望。我们看到了各行各业的劳动者投身乡村振兴，为乡村发展注入新的活力；我们也看到了越来越多的乡亲们从被动接受援助到主动寻求发展，用他们的双手创造了美好生活，用实际行动诠释着“幸福是奋斗出来的”。

在今后的工作中，我们将继续深入研究乡村振兴的理论和实践，以更加精准的科研成果服务于乡村振兴；我们将继续关注陇南的发展，见证陇南的变迁，记录陇南的故事，传播陇南的声音，为陇南的发展贡献我们的力量。

非常感谢甘肃省教育厅高等学校产业支撑引导项目的支持，同时感谢兰州财经大学各位领导对科研的高度重视和大力支持。在项目调研和丛书编写过程中，我们得到了陇南市各级政府部门特别是陇南市电子商务发展局和各区县电商中心的大力支持，陇南当地企业和企业家、地方金融机构和电商创业者也给予我们莫大的支持和帮助。在访谈调研和资料收集过程中，我们引用了很多学者的观点和新闻媒体的相关数据，在这里，对他们一并表示诚挚的感谢。我们还要感谢中国财政经济出版社的编辑们，他们字斟句酌的辛勤努力和一丝不苟的专业精神为丛书的可读性增色不少。当然，我们文责自负。最后，我们更要感谢陇南大地上千千万万的最美的劳动者，他们的劳动热情和奋斗精神将不断激励着我们不懈努力、勇毅前行。

乡村振兴的道路并非一帆风顺，但我们始终坚信，只要在以习近平同志为核心的党中央坚强领导下，坚持以人民为中心，立足实际，发挥优势，创新机制，“犯其至难而图其至远”，就一定能够推动乡村振兴战略落地生根、开花结果。

《产业支撑乡村振兴实践案例丛书》编写组

2024 年 4 月